Pfersmann · Herzangst und Verhaltenstherapie

D1693441

Dorothea Pfersmann

Herzangst und Verhaltenstherapie

Mit einem Vorwort von Hans Georg Zapotoczky

Deutscher Studien Verlag · Weinheim
Beltz Verlag · Weinheim und Basel

Über die Autorin:
Dorothea Pfersmann, Dr. med., Dr. phil., Jg. 54, studierte Medizin,
Psychologie, Philosophie und Pädagogik. Sie ist Universitätsassistentin
an der Universitätsklinik für Psychiatrie in Wien und Verhaltens-
therapeutin.

Zu danken ist der Pfizer Corporation Austria GmbH, welche durch ihre
finanzielle Unterstützung die Publikation ermöglichte.

CIP-Kurztitelaufnahme der Deutschen Bibliothek

Pfersmann, Dorothea:
Herzangst und Verhaltenstherapie / Dorothea
Pfersmann. Mit e. Vorw. von Hans Georg
Zapotoczky. – Weinheim : Deutscher Studien-Verlag
Weinheim ; Basel : Beltz, 1987.
   ISBN 3-89271-011-2

Druck nach Typoskript

© 1987 Deutscher Studien Verlag · Weinheim
Seriengestaltung des Umschlags: Atelier Warminski, 6470 Büdingen 8
Printed in Germany

ISBN 3 89271 011 2

Mein Dank gilt
Meinem Mann und meiner Tochter Isabel Beatrice

VORWORT

Die Entwicklung verschiedener psychotherapeutischer Verfahren in
den letzten Jahrzehnten ermutigt dazu, Behandlungsschritte bei
Menschen mit Störungen, deren Verlauf bisher als ungünstig pro-
gnostiziert worden ist, neuerdings zu überdenken. Dies gilt auch
für Patienten mit Herzangstsyndromen, mit Herzphobien; psychophysiologische Untersuchungsmethoden, präzisere diagnostische
Differenzierungsmöglichkeiten, die den Ausschluß organischer Be-
einträchtigungen besser begründen, Behandlungsstrategien, die auch
kognitive Aspekte wie Attributionsvorgänge stärker berücksichtigen,
laden geradezu ein, dieser Störung der Herzphobie wiederum größeres
Augenmerk zu schenken. Die Auseinandersetzung gerade mit dieser Beeinträchtigung,die sehr häufig beobachtet wird,hat an Aktualität
gewonnen.
Abgesehen von der bisher geübten Zurückhaltung, die im Rahmen auf-
deckender psychotherapeutischer Verfahren verständlich ist, ist
insbesondere der koordinierten Kombination einzelner therapeutischer
Methoden bislang wenig Augenmerk geschenkt worden - in der wissenschaftlichen Literatur schon gar, die aus Gründen objektiven Nachweises
und genau überprüfbarer Designs eher an weniger komplexe Beeinträchti-
gungen herangetreten ist.
Es ist daher sehr dankenswert, daß Frau Dr. Dorothea Pfersmann, deren
Beschäftigung mit Kranken, die an Herzphobie gelitten haben, über Jahre
hinweg reicht, ihre wissenschaftlichen Überlegungen und die Ergebnisse
ihrer Behandlungsmethoden vorlegt und zur Diskussion stellt. Die Forschung
in diesem Bereich ist in Fluß geraten - was bisher an Erkenntnis gewonnen
worden ist, soll nicht verschwiegen werden; es kann die Plattform zu
künftiger Forschungsbestrebung abgeben.

Univ.Prof.Dr.H.G. Zapotoczky

INHALTSVERZEICHNIS

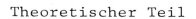

Theoretischer Teil

I. Das Herzangstsyndrom

1. Historischer Überblick und Begriffsbestimmung

"Die Lehre von den Herzneurosen gehört zu den dunkelsten
und in bezug auf ihre Erklärung schwierigsten Kapiteln der
Herzpathologie. Wenn auch die neuere Physiologie durch
eine Fülle von Experimenten den Einfluß gewisser Abtei-
lungen des Nervensystems auf die Tätigkeit des Herzens in
manchen Beziehungen mit aller Bestimmtheit zu demonstrieren
imstande war, so bestehen doch noch in anderen Punkten wider-
sprechende Angaben und ein Widerstreit der durch das Experi-
ment gewonnenen Resultate, so daß die physiologischen Beziehungen des Nervensystems zur Herztätigkeit noch keines-
wegs als in jeder Hinsicht genügend aufgeklärt betrachtet
werden können. Noch weniger sind wir in der Lage, die funktionellen Störungen des Herzens, wie sie uns am Krankenbette
zur Beobachtung kommen, in ihrer Abhängigkeit vom Nervensy-
stem in allen Fällen genauer zu verstehen und die krankhaften
Erscheinungen mit den gesicherten Tatsachen der Physiologie
in jeder Hinsicht in Einklang zu bringen."
Dies schreibt FRIEDREICH (1867) in "Krankheiten des Herzens[*]".
An dieser Unklarheit hat sich bis heute wenig geändert.
Allein zur Vielfalt der Begriffsbestimmung sei hier eine
Liste der gebräuchlichen Bezeichnungen wieder gegeben, die
sich bei MICHAELIS (1970, S. 10) findet).

Angsthysterie (FREUD)
Organneurose des Herzens (STOKVIS)
Kardiophobie (CHRISTIAN)

---

[*] In VIRCHOVS Handbuch der speziellen Pathologie und Therapie, Band 5/2, S. 407.

Herzphobie (KULENKAMPFF)
Neurozirkulatorische Asthenie (MEYERS)
Effort Syndrom (LEWIS)
Da-Costa-Syndrom, Angina pectoris vasomotorica bzw.
Para- bzw. Dyskardie (DELIUS)
Sympathicovasale Anfälle (POLZER, SCHOBER, BROSER)
Hypertone Regulationsstörungen mit dynamisch-
labiler Blutdruckregulation (MECHELKE)

Historisch gesehen tauchten bereits im Mittelalter Bezeichnungen wie "Anxietas cordis" und später der Begriff "Anxietas
präcordialis" von VOGEL (1764) auf. Die ersten brauchbaren
Mitteilungen stammen jedoch erst aus der 2. Hälfte des vorigen Jahrhunderts. FRIEDREICH (1867) verwendet erstmals
nach MICHAELIS (1970, S. 11) den Begriff "Herzneurose" in
technischer Bedeutung. Damals jedoch hielt man Neurosen
noch für organische Affektionen der Nerven. Ihr Wesen wurde in einer lokalen, allerdings nicht faßbaren Schädigung
der Innervation gesehen. Nach RICHTER und BECKMANN (1973)
verwendete der Wiener Kliniker OPPOLZER in seinen 1967 ver-
öffentlichten Vorlesungen über "Die Krankheiten des Herzens
und der Gefäße" bereits ausdrücklich den Terminus Herzneurose. Die Autoren fanden weiters die Beschreibung eines typischen herzneurotischen Syndroms bereits 1855 vom Kardio-
logen STOKES[*]. STOKES faßte die Symptomatik unter dem Begriff "Anomalien der Herzbewegung", wozu er neben Angina
pectoris u. a. auch Herzklopfen bei jungen Leuten und hy-
sterisches Herzklopfen rechnete, zusammen.

Von psychiatrisch- neurologischer Seite wurden schon Ende
des vorigen Jahrhunderts Herzbeschwerden, für die man kein
organisches Substrat fand, zum Formenkreis der Neurasthenie
gerechnet, einem Zustandsbild, für dessen Genese sowohl kör-

---

[*]STOKES W.: Die Krankheiten des Herzens und der Aorta.
STAHEL, Würzburg, 1855.

perliche als auch psychische Faktoren verantwortlich gemacht wurden (BEARD 1881, zitiert in MICHAELIS 1970, S. 11).
Die an ihr leidenden Patienten berichten über eine "qual-
volle Sensibilität", über eine "abnorm leichte Ansprechbar-
keit auf Reize aller Art", "über abnorm schnelle Ermüdbar-
keit, langsame Erholbarkeit" (JASPERS, 1959).

Mit FREUD setzte die dynamisch orientierte Neurosenforschung
ein. Von der Neurasthenie trennte FREUD (1895) die "Angstneurose" ab, deren Symptomatologie jener des "Herzangstsyndroms" sehr ähnlich ist. Die pathogenetischen Faktoren
sah FREUD (1969) "in der Ablenkung der somatischen Sexual-
erregung vom Psychischen und in einer dadurch verursachten
abnormen Verwendung dieser Erregung". Diese Interpretation
wurde nur von wenigen Ärzten übernommen und die Angstneurose
geriet zunächst in Vergessenheit.

Bis heute herrscht eine große Unsicherheit innerhalb der
Literatur, inwieweit das Herzangstsyndrom eine psychische,
eine organische oder eine psychosomatische Erkrankung ist.

RICHTER und BECKMANN (1973) betonen, daß die psychologische
Forschung dem Herzneuroseproblem, wenn man von der Kriegs-
psychiatrie während der beiden Weltkriege absieht, eine
ganz untergeordnete Beachtung schenkte und eigentlich erst
in letzter Zeit sich wieder mit stärkerem Interesse diesem
Krankheitsbild widmet.
BRÄUTIGAM und CHRISTIAN (1981) zählen dieses Krankheitsbild
zu den psychosomatischen Krankheiten. Anhand der Anamnese
der Patienten konnten sie aufzeigen, daß diese in symbio-
tischen Bindungen mit heftigsten Anklammerungstendenzen
leben und Schwierigkeiten haben, die eigene Person von
anderen zu trennen. Die somatische Komponente stellt ihrer
Meinung nach eine sogenannte dynamisch-labile Blutdruck-

regelung dar. Das heißt, daß "Herzangstpatienten" in der
Regel eine sympathikotone, hypername Kreislaufeinstellung
mit leicht erhöhtem Mitteldruck und erhöhter Pulsfrequenz
haben. Die Blutdruckunruhe tritt unter körperlichen und
seelischen Belastungen auf.

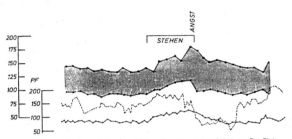

Patientin L.P. Sympathikvasaler Anfall nach orthostatischer Belastung. Der Blut-
druck steigt kontinuierlich von normotonen Werten auf 175 systolisch und 120 mm diasto-
lisch an. Die gestrichelte Kurve zeigt die Atemfrequenz (Poly- und Tachypnoe). Die durchge-
zogene Kurve zeigt einen Anstieg der Herzfrequenz von 75/min auf 110/min. Subjektiv tritt
heftige Angst auf.

Abb. 1

Aus BRÄUTIGAM und CHRISTIAN, 1981, S. 111.

Mit dieser Annahme ist es den Autoren gelungen, eine Verbindung zwischen den internistischen und den psychologischen Standpunkten herzustellen.

Die Uneinigkeit in der Pathogenese, spiegelt sich in der
Vielzahl der verwendeten Begriffe wieder.

In der neueren Literatur werden die Begriffe "Herzphobie",
"Herzangstsyndrom", "Herzneurose" verwendet. BRÄUTIGAM (1981)
und CHRISTIAN ziehen den Begriff "Herzphobie" dem des "Herzangstsyndroms" vor, mit der Begründung, daß es sich hier um
eine Angstfixierung an das Herz handelt, die dem Triebdurch-
bruch wie auch der Abwehr einer neurotischen und phobischen
Symptombildung entspricht. Sie betonen, daß vor allem die
Verlaufsform phobische Züge, wie die Klaustrophobie und
Agoraphobie zeigt. FÜRSTENAU und Mitarbeiter (1964) wiesen
darauf hin, daß der Begriff "Herzphobie" irrtümlich verwendet wird, da bestimmteMerkmale einer Phobie, wie die Vermeid-
barkeit des angstauslösenden Stimulus nicht vorhanden ist.
"Der Hundephobiker kann das betreffende Tier meiden, der
Herzneurotiker kann um sein Herz keinen Bogen machen".
KULENKAMPFF und BAUER (1960) wiederum schließen sich dem Begriff "Herzphobie" an, obwohl ihnen klar ist, daß der Terminus sprachlich nicht ganz exakt ist, denn es handelt sich ja
nicht um eine "Angst vor dem Herzen" in Analogie etwa zur
Angst vor der Weite (Agoraphobie) sondern um eine Angst um
das Herz. Die Autoren meinen, daß der Sachverhalt aber in
einer prägnanten Wortbildung schwer zu fassen ist und so
bleiben sie bei diesem Ausdruck, zumal er sich bereits in ge-
wissem Umfang eingebürgert hat.

Die Bezeichnung "Herzneurose" griffen RICHTER und BECKMANN
(1973) wieder auf und bezeichnen damit jene Störung "deren
Träger wegen auf das Herz bezogener Beschwerden zum Arzt
gehen, ohne daß eine körperliche Grundkrankheit diese Beschwerden bewirkt". BRÄUTIGAM (1964) steht dem Begriff Herzneurose kritisch gegenüber. Er meint, die Bezeichnung sei
nicht zutreffend, "da der Patient neurotisch ist, aber nicht
das Herz".

Die Unsicherheit der Zuordnung und der Begriffsbestimmung

spiegelt sich auch in den Internationalen Klassifikationsschemen wieder. Um zwei Beispiele anzuführen:

1. In der 9. Revision der Internationalen Klassifikation
   der Krankheiten (ICD 9) wird das "Herzangstsyndrom"
   nicht zu den organischen Krankheiten, auch nicht zu den
   psychosomatischen Störungen mit Gewebsschädigung, sondern zu den körperlichen Funktionsstörungen psychischen
   Ursprungs ohne Gewebsschädigung (306.2) gezählt. Auf eine
   genauere Definition wird in ICD 9 nicht eingegangen.

2. Im diagnostischen und statistischen Manual psychischer
   Störungen (DSM III) fällt das Herzangstsyndrom unter das
   Somatisierungssyndrom, welches zu den somatoformen Störungen zählt. Diese werden wie folgt definiert: Das
   Hauptmerkmal dieser Gruppe von Störungen sind körperliche
   Symptome, die eine köperliche Störung vermuten lassen,
   für die es jedoch keine nachweisbaren organischen Befunde
   oder bekannte pathophysiologische Mechanismen gibt, aber
   bei denen ein starker Verdacht oder ein positiver Nach-
   weis bestehen, daß die Symptome mit psychischen Faktoren
   oder Konflikten zusammenhängen. Es handelt sich um rezi-
   divierende und vielgestaltige körperliche Beschwerden.
   Typisch für dieses Krankheitsbild ist, daß die Betroffenen
   meist gleichzeitig bei einer Vielzahl von Ärzten in Behandlung sind. Die Beschwerden betreffen folgende Symp-
   tomarten: Kurzatmigkeit, Palpitationen, Brustschmerz und
   Schwindel(kardiopulmonale Symptome) (DSM III, Seite 253,
   Seite 256).

Da jedoch ein wesentliches Merkmal des "Herzangstsyndroms"
die subjektiv erlebte Angst ist und diese in der Definition
der beiden Internationalen Klassifikationsschemen nicht erwähnt wird, wird in dieser Studie von der Begriffsbestimmung

nach MICHAELIS (1970) ausgegangen. MICHAELIS versteht da-
runter jenes psychiatrische Krankheitsbild, bei dem das
Herz und seine funktionellen Störungen im Mittelpunkt des
subjektiven Angsterlebens des Kranken stehen. Die Patienten
leiden unter der ständigen Befürchtung, sie seien herzkrank oder würden es werden bzw. sie würden an einem Herztod
sterben. Aus sachlichen Überlegungen ziehe ich daher den Ausdruck "Herzangstsyndrom" vor, jedoch werden in dieser Studie
synonym die Begriffe "Herzphobie" und "Herzneurose" bzw.
"funktionelle Herz-Kreislauf-Erkrankungen" verwendet, da sie
in der Literatur allgemein gebräuchlich sind.

Mit Recht sagt REIMANN (1950) "die variierenden Bezeichnungen für diese Störungen belegen, wie wenig man von ihr
begriffen hat".

1.2. Allgemeine Symptomatologie

Da es bis heute keine einheitliche Definition und internationale Diagnosekriterien gibt, ist es unerläßlich, alle
Symptome, die vom Patienten vorgebracht werden zu beschreiben. Dabei kann leicht ein Mißverständnis auftreten, da die
Herzangstpatienten in der Regel über eine Fülle von Beschwerden klagen, deren innerer Zusammenhang nicht unmittelbar
überschaubar ist.

1.2.1. Das Beschwerdebild nach UEXKÜLL (1962)

Das Beschwerdebild der Patienten läßt sich nach v. UEXHÜLL
in 5 Hauptgruppen teilen:

1. Auf das Herz bezogene Beschwerden: Herzklopfen, Extra-
   systolen, die als Herzstolpern empfunden werden, Herzjagen.
   Weiterhin Schmerzen, z. B. Drücken, Stechen, Brennen in
   der Brust mit Ausstrahlung in den linken Arm, also Beschwerden, die bisweilen an einen Infarkt denken lassen.
   Auf das differentialdiagnostische Problem aus inter-
   nistischer Sicht möchte ich im nächsten Kapitel noch
   näher eingehen.

2. Allgemeine Beschwerden: Klagen über Abgeschlagenheit,
   Schwarzwerden vor den Augen, Müdigkeit, Erschöpfung,
   insgesamt Beschwerden, wie sie beim hypotonen Symptom-
   komplex häufig gefunden werden.

3. Auf die Atmung bezogene Beschwerden: Klagen der Patienten
   über Beklemmungsgefühle, erschwertes Atmen, das bis zur
   ausgesprochenen Atemnot reicht, und sowohl in Ruhe als
   auch bei körperlicher Belastung auftreten kann.

4. Vegetative Beschwerden: Z. B. Schlaflosigkeit, Parästhesien, Zittern, nervöses Kältegefühl, Schwindelgefühle, Schwitzen, sowie Kopfschmerzen.

5. Psychische Beschwerden: Häufig geben die Patienten an, unter Reizbarkeit, Angst, innerer Unruhe und niedergedrückter Stimmung zu leiden.

Die im Thoraxbereich empfundenen Beschwerden und damit verbundenen Ängste bleiben innerhalb des Symptomkatalogs jedenfalls das wichtigste Erkennungsmerkmal für den Arzt, zumal dieses System in der Regel gleich spontan und nicht erst bei einer Fragebogenerhebung geäußert wird. Zumeist werden diese Beschwerden ganz besonders angstvoll und dramatisch vorgetragen.

MICHAELIS (1970, S. 7) gliedert im Vergleich zu UEXKÜLL, die Symptome in zwei Gruppen, je nachdem, ob es sich um das akute Anfallsgeschehen oder um das Intervallgeschehen handelt.

1.2.2. Symptome im akuten Anfallsgeschehen nach MICHAELIS (1970)

Zum akuten Geschehen gehören folgende Merkmale (die Gliederung erfolgt nach den Gesichtspunkten der Häufigkeit, der Subjektivität und Objektivierbarkeit der Merkmale):

1. Angst, die sich vorzugsweise in leibnah empfundener Furcht vor Herzstillstand, Herzinfarkt, Herzkrankheit sowie vor einer Ohnmacht äußert und sich bis zur Todesangst steigern kann.
2. Schwindelgefühl, mitunter nicht scharf trennbar von Angst- und Sehstörungen; allgemeines Schwanken, Unsicherheit,

Duseligkeit im Kopf, Umfallneigung, Schwanken der Umgebung.

3. Herzklopfen. Teilweise sichtbar als hebender Spitzenstoß.
4. Herzsensationen. Schmerzen in Form von Stichen und Ziehen; Druckgefühl.
5. Innere Unruhe, Inneres Flattern.
6. Übelkeit.
7. Beklemmungsgefühl. Oppressionen, Panzer- oder Ringgefühl über der Brust oder dem Herzen, Herzbeklemmungen.
8. Luftnot, Atemnot, Kurzatmigkeit, Erstickungsgefühl.
9. Allgemeine Schwäche. Schwere Glieder, vor allem Beine; Abgeschlagenheit, bleierne Glieder.
10. Sensible Erscheinungen. Kribbeln, Prickeln, Ameisenlaufen, pelziges Gefühl, Eingeschlafensein, Taubheitsgefühl, Gefühl des Abgestorbenseins der Extremitäten, seltener am Kopf oder sonst am Körper.
11. Aufsteigendes Hitzegefühl.
12. Kopfschmerzen. Kopfdruck.
13. Sehstörungen. Verschwommensehen, Grausehen, Flimmern vor den Augen, Schwarzwerden vor den Augen; zuweilen nicht sicher vom Schwindel abgrenzbar.
14. Brechreiz.
15. Magensensationen. Angst im Magen und Bauch, Druckgefühl, Magenschmerzen.
16. Entfremdungsgefühle. Derealisation, Depersonalisation.
17. Inneres Kältegefühl. Vor allem in den Extremitäten.
18. Ohrensausen.
19. Hörstörungen. Geräusche kommen wie aus weiter Ferne.
20. Herzschlagbeschleunigung. Tachykardie, Herzrasen, Herzjagen oder Herzflattern.
21. Zittern und Schütteln der Extremitäten. Schüttelfrost.
22. Karpopedalspasmen.
23. Schweißausbruch.
24. Motorische Unruhe. Zwang zum Gehen, Sprechen oder Händereiben.

25. Harnflut. Meist im Anschluß an das Anfallsgeschehen.
26. Herzrhythmusstörungen. Extrasystolie, Aussetzen des Herzens, Herzstolpern, Überschlagen.
27. Forcierte Atmung. Schnelle Atmung, vertiefte Atmung, Seufzeratmung.
28. Blutdruckerhöhung.
29. Erregungszustand. Schreien, Toben, Weinen.
30. Gesichtsblässe.
31. Gesichtsrötung.
32. Erbrechen.
33. Pupillenerweiterung.
34. Durchfall.
35. Trockenheit im Mund.
36. Fleckige Rötung der Haut. Urticaria.

Von diesen in wechselnder Ausprägung, Verteilung und Kombination auftretenden Symptomen im akuten Herzangstanfall
lassen sich mehr oder minder scharf intervalläre Dauersymptome abgrenzen.

1.2.3. Symptome im Intervallgeschehen nach MICHAELIS (1970).

Von den anfallsartigen Beschwerden muß die Intervallsymptomatik abgegrenzt werden, deren wichtigstes Symptom eine phobische Wahrnehmungseinengung auf das Herz ist. Die Patienten
leben in einer ständigen Erwartungsangst vor einem neuer-
lichen Herzanfall. Sowohl eine Reihe anderer phobischer Symptome sowie eine depressive Symptomatik und vegetativer Labilität sind Zeichen dieser Intervallsymptomatik. Die Patienten sind physisch und psychisch weniger belastbar. Im
Intervall klagen die Patienten über Herzbeschwerden, wobei
vor allem Sensationen wie "Herzklopfen", "Herzstolpern",
"Herzjagen" oder die außerordentlichen vielgestaltigen "Herz-

schmerzen" (stechen, brennen, Druckschmerz, Verkrampfungs-
schmerzen) - häufig mit Ausstrahlung in den linken Arm angegeben werden (NUTZINGER, 1983). MICHAELIS (1970) hat die
Symptome während der Intervalle detailliert in 24 Punkten
aufgezeigt:

1. Innere Unruhe.
2. Erwartungsangst. Zwanghaft ängstliche Erwartung des
   nächsten Anfalls; unbeeinflußbare Furcht vor der akuten
   Herzangst bei ängstlicher Konzentration darauf; Angst
   vor der Angst: Phobophobie.
3. Straßenangst. Furcht davor, daß der nächste Anfall auf
   belebten oder auch menschenleeren Straßen erfolgt, sowie das Bestreben, dies durch entsprechende Beschränkung
   zu verhindern; Agoraphobie.
4. Raumangst. Furcht davor, daß der nächste Anfall in einem
   beengenden Raum - kleine Wohnung, Kino, Auto oder öffent-
   liches Verkehrsmittel - erfolgen könnte, sowie das Bestreben, dies zu verhindern; Klaustrophobie.
5. Furcht vor dem Alleinsein. Mit dem Bestreben, solche
   Situationen zu vermeiden.
6. Erschöpfung, Erschöpfbarkeit. Abgeschlagenheit, Mattigkeit.
7. Vegetative Stigmatisation. Vasolabilität, Fingertremor,
   Hyperhidrosis u. a.
8. Herzbewußtsein. Auf das Herz bzw. seine Tätigkeit kon-
   zentriert sein (Hinhorchen, Herzhypochondrie).
9. Schwindelgefühle. Nicht immer ganz scharf abgrenzbar von
   Angstgefühlen und Sehstörungen.
10. Verschwommensehen. Flimmern vor den Augen, Grausehen.
11. Äquivalente bzw. abortive Anfälle. Beispielsweise nur
    Schwindel, nur Zittern oder nur Erbrechen.
12. Provozierbarkeit der Anfälle. Durch psychische Erregung
    oder körperliche Anstrengung; zuweilen erfolgt dann auch
    nur das Einsetzen eines Äquivalentes oder abortiven Anfalls.

13. Phobische Ausweitung. Entstehung von Herzangstgefühlen
    bei Bekanntwerden von Todesfällen und schweren Krank-
    heiten anderer Personen sowie beim Lesen von Todesan-
    zeigen, schließlich das Bestreben, solche angstauslö-
    senden Situationen zu meiden.
14. Depressive Verstimmung. Antriebsverlust, Lust- und
    Schwunglosigkeit, Gefühl der Nutzlosigkeit, Grübeln,
    Gedanken an die Vergangenheit.
15. Schlafstörung. Verkürzung, Verflachung.
16. Appetitstörung mit Gewichtsabnahme.
17. Potenzstörung. Allgemeine sexuelle Inappetenz sowie
    Impotentia coeundi.
18. Persönlichkeitsveränderung. Vor allem reizbarer, aber
    weniger aggressiv; oft ängstlicher, rücksichtsvoller,
    eingeschüchtert, weicher, nachgiebiger, servil; mit-
    unter ungeduldiger.
19. Tagesschwankungen des allgemeinen Befindens. Morgens
    schlechter als abends.
20. Schlafsucht im Sinne des Lang- und Tiefschlafes.
21. Dauertachykardie. Frequenzen von 120 bis 140 Schlägen
    pro Minute, auch ohne psychische und physische Belastung.
22. Schonhaltung. Einschränkung in der Lebensweise hinsicht-
    lich Belastungen jeglicher Art sowie Alkohol-, Kaffee-
    und Nikotingenuß.
23. Alkoholismus. Alkohol beruhigt.
24. Kontraphobisches Verhalten (wie beim Patiententyp B
    nach RICHTER und BECKMANN, 1973). Gegen die Angst an-
    gehen, sich besonders belasten, Sport treiben, um sich
    zu beweisen, daß man keine Angst zu haben braucht.

Wochen oder Monate vor Einsetzen des akuten Anfallsgeschehen
können die Antriebslage und das vitale Lusterleben mäßig
beeinträchtigt sein. Auch klagen die Kranken zuweilen schon
über leichte Herz- oder Atem- und vielfältig über andere

vegetative Beschwerden. Sie sind dann gleichsam vorbereitet
für den Durchbruch der Angst, die sich oftmals eines Aus-
lösers bedient: Der erste Herzangstanfall entsteht unter
Umständen, wenn jemand aus dem näheren Bekannten- oder Ver-
wandtenkreis einen Herzinfarkt erleidet oder an einem anderen
kardialen Leiden ernstlich erkrankt. (RICHTER und BECKMANN,
1973, S. 39).

1. 3. Das typische Krankheitsverhalten

Da die Patienten überzeugt sind, an einem organischen Herz-
leiden erkrankt zu sein, nehmen sie entsprechende Verhaltensweisen an. Sie werden mit den Begriffen Schonverhalten, Kontrolle des Herzens und Anklammerungsverlangen zusammengefaßt
(RICHTER und BECKMANN, 1973).

Die Autoren beschreiben das charakteristische Schonverhalten
wie folgt (RICHTER und BECKMANN, 1973, S. 69): Anspannung,
Aufregung und körperliche Anstrengungen werden weitgehend
vermieden. Die Patienten verbringen die meiste Zeit zu Hause.
Sämtliche Kontakte zu Freunden und Bekannten werden abgebrochen und durch die soziale Isolierung verfallen sie zunehmend in eine depressive Grundstimmung. Auch das Engagement
im Beruf sowie sportliche Aktivitäten werden stark reduziert.
Die Gefahr der sozialen Isolation ist groß.
Einmal allein gelassen, beginnen sie in sich hineinzuhorchen
und die Aktionen ihres Herzens zu überprüfen. "Sie liegen
oft geradezu auf der Lauer, um feinste, für andere unmerk-
liche Unregelmäßigkeiten der Schlagfolge, der Pulsbeschleunigung wahrzunehmen und verdächtige Schmerzempfindungen aufzu-
spüren" (RICHTER und BECKMANN). Die ständige Befürchtung,
von einem plötzlichen Herzanfall überrascht zu werden, führt
zu einer Reihe phobischer Verhaltensweisen. MICHAELIS (1970)
beschreibt, daß es zur Entwicklung typischer agoraphobischer
und klaustrophobischer Dauersymptome kommt.
KULENKAMPFF (1960) hat die Verhaltensauffälligkeit der steten
Kontrolle des Herzens sehr treffend beschrieben;
Hörend kontrolliert er den Schlag. Das normale, gleichmäßige
Schlagen beruhigt ihn, gibt ihm Hoffnung, daß sein Herz richtig funktioniert. Aber diese Hoffnung wird nie zur vollen,
endgültigen Sicherheit. Ein bohrender Zweifel schleicht
sich stets von neuem ein und steigert sich sofort zur ängst-

lichen Unruhe, wenn die Kontrolle aus irgend einem Grund
zu entgleiten droht, die Aufmerksamkeit abgelenkt war der
Herzschlag nicht mehr vernehmbar ist, sich beschleunigt,
ins Pochen übergeht oder sonst unregelmäßig erscheint. Dann
faßt sich der Kranke den Puls am Handgelenk oder am Hals und
versucht, tastend Gewißheit über das Funktionieren von Herz
und Kreislauf zu erlangen. Mißlingt dies in der Eile und Erregung, kann eine heftige Angstexacerbation, ja ein Angstan-
fall resultieren."

Nicht nur das Schonverhalten und die Kontrolle des Herzens
sind typische Verhaltensmerkmale der Herzangstpatienten,
sondern auch das unablässige Bestreben, sich an eine ihnen
vertraute Person anzuklammern. KULENKAMPFF (1960) berichtet
über Patienten, die nicht allein zu Hause bleiben können
und schon beim geringsten Verdacht auf einen drohenden Anfall den Notarzt anrufen. Während der Partner zur Arbeit
geht, verlangen die Betroffenen, daß andere ihnen bekannte
Personen bei ihnen wohnen. Der Patient möchte stets jemanden in seiner unmittelbaren Nähe wissen, falls etwas passiert.
Der Herzangstpatient wirkt dadurch auf seine Umgebung kindlich und hilflos (KULENKAMPFF und BAUER, 1960).

Die Unfähigkeit allein zu sein und räumliche Distanz zu er-
tragen, stellt eine große Belastung für die Partnerbeziehung
dar. Der Betroffene ist absolut auf diesen angewiesen und
hält Streit und Spannung nicht aus. RICHTER und BECKMANN
(1973, S. 66) berichten über Patienten, die oft von ihren
Partnern gequält werden und sich nicht im mindesten wehren,
nicht einmal Protestgefühle zugestehen können, obwohl zum
Beispiel ihre Träume ihre unbewußte Wut deutlich verraten.

Die Anklammerungstendenz wird auch für den behandelnden Arzt

spürbar. Seine Urlaubsreise oder sein Fernbleiben aus einem
anderen Grund kann bereits einen akuten Anfall auslösen. Ich
habe die Erfahrung gemacht, daß die Hilflosigkeit und mangelnde Selbstsicherheit nicht in gleicher Intensität bei
allen Patienten ausgeprägt ist. Hierzu fällt mir ein Patient
ein, der seit drei Jahren arbeitslos ist, weil er sich den
ganzen Tag über in einem Kaffeehaus in der Nähe der Kardiologischen Universitätsklinik aufhält. Nur dort fühlt er die
nötige Sicherheit.
Bei einem anderen Patienten genügt ein Telefonat mit dem
Partner am Arbeitsplatz um den gleichen Effekt zu erreichen.

1.4. Das differentialdiagnostische Problem beim Herzangst-
und beim Herzinfarktpatienten (bzw. bei anderen organischen Herzerkrankungen).

Das klinische Erscheinungsbild des Herzangstpatienten im
akuten Anfall ist sehr eindrucksvoll und kann vor allem
mit einem akuten Infarktgeschehen verwechselt werden. Bei
den Herzangstpatienten beginnt die Krankheit akut mit einem
anfallsweise einbrechenden Erleben stärksten Herzklopfens
bis hin zum Herzrasen, verbunden mit panikartiger Angst,
das Herz könne stillstehen. Die Patienten sind hochgradig
erregt und gespannt, zeigen Schweißausbrüche und eine forcierte Atmung. Während dieser Sympathicovasalen Anfälle
treten weiters Schwindelgefühle, Hitzewallungen, Globus-
gefühl im Hals und Atemnot ein. Ebenfalls empfinden die
Patienten Schmerzen im Brustbereich sowie Beklemmungsgefühle, Herzstechen und Herzziehen. Nach dem Anfall fühlen
sich die Patienten erschöpft, zittrig und zumeist sehr
ängstlich. Die Patienten werden nie ohnmächtig, sie erleben
diese Anfälle hellwach bei vollem Bewußtsein. Von dem Angst-
erlebnis mit klopfenden und möglicherweise stillstehenden
Herzens kommen die Patienten nicht mehr los, es kommt zu
einer herzphobischen Entwicklung (BRÄUTIGAM: In Nutzinger,
1983).
Die Symptomatik bei Patienten mit organischen Herzerkrankungen, bei welchem entweder die Herzkranzgefäße oder der
Herzmuskel oder beides betroffen sein können, ist dem eben
beschriebenen sehr ähnlich. Jeder Arzt ist daher gezwungen,
bei Patienten die über retrosternale Schmerzen die in den
linken Arm ausstrahlen, verbunden mit Todesangst, und eventuell mit Übelkeit gekoppelt sein können, eine genauere
Untersuchung durchzuführen. Eine solche Untersuchung muß je
nach Patienten zum Teil sehr spezielle manchmal auch invasi-
ve Maßnahmen beinhalten.

Ein Ruhe-EKG allein ist als differentialdiagnostische Untersuchung nicht ausreichend. Sogar Patienten mit schwerstem
arteriosklerotischen Befall aller 3 Koronargefäße können ein
EKG ohne pathologische Veränderung aufweisen. Am Beispiel
der koronaren Herzerkrankung möchte ich auf die Pathophysio-
logie und differentialdiagnostischen Möglichkeiten hinweisen.
Die Internisten sprechen von 3 Kardinalsymptomen, die auf
einen eventuellen Befall einer Koronararterie hinweisen.

1.4.1. Schmerzen im Thoraxbereich

Zu einem ischämischen Schmerz kommt es durch Minderperfusion
des Myocards. Zur objektiven Beurteilung und Diagnostik dient
der Belastungstest am Fahrrad bzw. am Laufband. Wenn bei den
Patienten während dieser Belastung Schmerzen auftreten und
diese sich intensivieren, müßte der Verdacht in Richtung
Durchblutungsstörungen im Myocard gehen. Wenn dann im EKG
eine pathologische Veränderung (wie z. B. eine ST-Inversion,
eine negative T-Zacke und eine Veränderung der Herzfrequenz)
festgestellt werden kann, spricht man vom "echten ischämischen Schmerz". Hier handelt es sich dann mit ziemlicher
Sicherheit um arterosklerotisch veränderte-Koronararterien.
Sollten die Ergebnisse negativ sein und die Herzschmerzen
insbesondere in Ruhe, z. B. in der Nacht auftreten, muß man
differentialdiagnostisch an eine Prinz-metal-Angina denken.
Dabei kann bei einem schweren Angina pectoris Anfall auch
durch einen Spasmus eines sonst meist unauffälligen Koronar-
gefäßes eine deutliche Veränderung im EKG (ST-Hebung) beobachtet werden, wobei nach dem Anfall im EKG keinerlei In-
farktveränderungen sichtbar sind. Je nach vorliegender Symptomatik sind dann weitere Zusatzuntersuchungen, wie z. B.
Isotopenuntersuchungen zur Überprüfung der Herzmuskeldurch-
blutung oder ein Herzkatheter mit Darstellung der Herzkranzgefäße, indiziert.

Weiters wäre differentialdiagnostisch zu denken an:

a) Erkrankungen der intramuralen Gefäße:
Diese sind der Diagnostik schwer zugänglich und nur durch
aufwendige und nicht ungefährliche Untersuchungen, wie
z. B. Myocardbiopsie, weiter abzuklären. (oder z. B.
Stoffwechselstudie).

b) Eine frühe kongestive primäre Kardiomyopathie:
Hier liegt eine verringerte Dilatationskapazität vor.
Diagnostische Abklärung wie a)

c) Veränderungen der Atmung (Hyperventilation, Alkalose,
Verzögerung der Sauerstoffabgaben).

d) Pseudoangina: Schmerzen bei Veränderungen am Skelett,
der Pleura, sowie Spasmen des Magendarmkanals und
Oesophagus.

e) Hyperparathyreodismus (Tachykardie).

f) Mitralklappenprolapssyndrom: Dabei liegt eine Verminderung der elastischen Elemente mit dünnen und verlängerten
Chordae tendineae mit verdickten Klappen vor, diese führt
zu einem abnormen Kontraktionsablauf beim Mitralklappen-
schluß und kann meist durch einfache Auskultation vermutet und durch ein Echo-Kardiogramm bestätigt werden.

1.4.2. Frequenzänderungen

können bedingt sein:
a) cardial: Herzinsuffizienz bei kleinem Schlagvolumen
b) extracardial: Lungengefäßveränderungen
                 Hyperthyreose
c) Stoffwechselstörungen

1.4.3. Atemnot

Durch myocardiale Funktionsstörungen kann es bei Auftreten
einer Linksherzinsuffizienz zu akuten Beklemmungsgefühlen
mit Atemnot, vor allem auch nächtlicher Atemnot kommen:
diese kann in der Regel durch eine interne Untersuchung erfaßt werden (EKG, Thoraxröntgen, Anamnese).

Grundsätzlich ist es sehr wichtig, die Beschwerden bei jedem
Herzangstpatienten internistisch abzuklären. Für eine gute
Therapeut-Patienten-Beziehung ist es unbedingt erforderlich,
daß der Therapeut überzeugt davon ist, daß "das Herz des
Patienten gesund ist".
Seine Überzeugung sollte sich nicht auf subjektive Gefühle,
sondern auch auf objektive Befunde stützen.

1.5. Häufigkeit und Verteilung

1.5.1. Allgemeine und familiare Häufung

Über die Häufigkeit funktioneller Herz- und Kreislaufbeschwerden finden sich in der Literatur sehr unterschiedliche
Angaben. GROSS (1948), sowie ROTH (1943) und Mitarbeiter
fanden in ländlichen Gebieten ein Vorkommen von etwa 2%.
In einer psychosomatischen Klinik wird nach BRÄUTIGAM
(1964) bei 8% der Patienten die Diagnose gestellt. CREMERIUS
(1963) fand unter 2330 Fällen einer medizinischen Poliklinik
8% mit funktionellen Herz- und Kreislaufbeschwerden. DELIUS
(1964) schätzt die Häufigkeit der Erkrankung in der Allge-
meinpraxis auf etwa 10-15%. Im psychiatrischen Bereich sind
es nach COBB (1943) etwa 27%.

DELIUS (1966) ermittelte nach dem Krieg eine relative und
absolute Häufigkeitszunahme. Er fand im Längsschnittver-
gleich bei einem großen Krankengut eine Verdoppelung funktioneller Herzkreislaufstörungen zwischen 1946-1951. Auch
JORSIWIECK und KATWAN belegen durch eine umfangreiche Statistik, daß sich im Berliner Zentralinstitut für psychogene
Störungen die Zahl der Patienten mit einem Herzangstsyndrom
in den Jahren 1945-1965 verdoppelt hat.

Das Herzangstsyndrom kommt in der Regel in Familien gehäuft
vor. Auf diese Tatsache wiesen schon WHEELER, u.a. WHITE
(1948) hin. Bei einer Nachuntersuchung von 20 Jahren zuvor
diagnostizierten Herzneurosen ergab sich, daß in der Zwi-
schenzeit 49% der Kinder dieser Patienten selbst an einer
Herzneurose erkrankt waren (WHEELER, u.a., 1950).
Nach Untersuchungen von RICHTER und BECKMANN (1973) teilen
34% der Herzangstpatienten mit, daß ein oder beide Eltern-

teile an Herzbeschwerden verschiedenster Art leiden. Bei
17% der Patienten sind Mutter und/oder Vater an typischen
herzneurotischen Störungen erkrankt. Bemerkenswert ist der
Befund, daß die Mütter dieser Patienten im Vergleich zu
den Vätern 8,5 mal so häufig an der selben Störung leiden.

Nach RICHTER und BECKMANN sprechen viele Gründe dafür,
daß besonders von ängstlich besorgten Eltern diejenigen
Kinder, die schon durch bestimmte, nicht bekannte Anlage-
faktoren gefährdet sind, durch prägende Einflüsse für den
späteren Ausbruch einer Herzneurose prädisponieren. Die
familiäre Häufung geht zu einem gewissen Teil auf Symptom-
tradition zurück.

1.5.2. Alters- und Geschlechtsverteilung

DAs Herzangstsyndrom ist an ein relativ jungendliches Alter
gebunden, ein Merkmal, das differentialdiagnostisch eine ge-
wisse Bedeutung hat.
WITTKOWER und RODGER (1941) errechnen für die "neurozirkulatorische Asthenie" einen durchschnittlichen Erkrankungsbe-
ginn vor dem 30. Jahr. KULENKAMPFF und BAUER (1960) sprechen
von einem breit ausladenden Gipfel der nervösen Herzkrank-
heiten zwischen dem 20. und dem 40. Jahr. Bei ihren 47 Fällen
von "Herzphobie" ermittelten sie ein Durchschnittsalter von
32,4 Jahren. Nahezu die gleichen Angaben finden sich bei
CRAIG und WHITE (1934) für ihr Krankengut von "neurozirku-
latorischer Asthenie": 31,2 Jahre. Zwischen dem 30. und 40.
Jahr setzt auch CREMERIUS, (1963) das Erkrankungsmaximum für
das "funktionelle Herzsyndrom" an. Nach v. UEXKÜLL (1966)
treten funktionelle Beschwerden häufig bei jüngeren Menschen
auf, während die Häufigkeit funktioneller Syndrome jenseits
des 40. Lebensjahres abnimmt und mit fortschreitendem Alter
aus bisher noch nicht endgültig geklärten Gründen stark zu-

rückgeht. Eine entsprechende Altersverteilung geben auch andere Autoren an (BRÄUTIGAM, 1964; PFLANZ, 1962; CREMERIUS, 1963; RICHTER und BECKMANN, 1969).

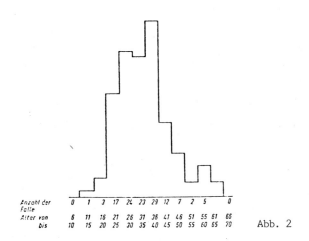

Abb. 2

Altersverteilung von 125 Herzneurotikern der Psychosomatischen Universitätsklinik Gießen. (Aus RICHTER und BECKMANN 1969).

Hinsichtlich der Geschlechtsverteilung fand GLOOR (1955) bei 200 Patienten mit der Diagnose "vegetative Dystonie" unter den Männern 43% und unter den Frauen 55% Patienten mit Herzbeschwerden. FRIEDBERG (1956) schrieb ganz entschieden "Im Zivilleben ist die Herzneurose viel häufiger bei Frauen als bei Männern anzutreffen." Jedoch KULENKAMPFF und BAUER (1960) ermittelten ein deutliches Überwiegen des männlichen Geschlechts.

RICHTER und BECKMANN (1973) meinen, daß die Geschlechtsverteilung sozial bedingten Schwankungen unterliegt. Aus
eigener Erfahrung konnte ich beobachten, daß weder das eine
noch das andere Geschlecht überwiegt.

1.6. Persönlichkeitsstruktur

Nach RICHTER und BECKMANN (1973) läßt sich die Persönlichkeit des Herzneurotikers folgendermaßen beschreiben: "Er
ist ein Mensch, der den symbiotisch engen Kontakt sucht;
der sicherlich deshalb häufiger verheiratet ist bzw. seltener allein lebt als der Durchschnitt; der oft krank wird
oder sich in seiner Krankheit verschlechtert, wenn sein
symbiotischer Kontakt durch Trennungsgefahr bedroht wird
oder bereits getrennt worden ist; der weiterhin besonders
um seine Unversehrtheit bangt und bei jedem Unheil in der
Umgebung oder bei Störungen am eigenen Körper die komplette
Selbstzerstörung fürchtet, der deshalb auch nach Krankheits-
ausbruch eine übertrieben erscheinende pedantische Schon-
und Vorsichtshaltung entwickelt; der in Persönlichkeits-
tests enthüllt, daß er nicht nur eine tiefe Angst vor der
Zerstörung seiner körperlichen Integrität hat, sondern darüber hinaus panisch eine Auflösung seines Selbst fürchtet."

Nach psychometrischen Untersuchungsergebnissen, die sowohl
prospektiv als auch retrospektiv mit Hilfe des vielgebräuch-
lichen Tests MMPI-Saarbrücken (SPREEN, 1963) gewonnen wurden, ließen sich 84% der Herzangstpatienten entweder dem
sogenannten MMPI-Profiltyp A oder dem Profiltyp B zuordnen
(RICHTER und BECKMANN, 1973).

Die Autoren beschreiben die Patienten, die sie dem Typ A
zuordnen, als sehr bedrückte, ihren hypochondrisch gefärb-
ten Ängsten ziemlich wehrlos ausgelieferte Menschen mit
ganz besonders ausgeprägten Anklammerungsbedürfnissen. Sie
sind infolge dessenanfangs meist außerstande, irgendwelche
Empfehlungen zu befolgen, die von ihnen Mut bzw. eine Be-
herrschung ihrerÄngste erfordern. Sie erscheinen besonders

kindlich und hilflos. Sie wirken wenig kontrolliert. Man
hat den Eindruck, ihre Gefühle kommen unmittelbar zum Vor-
schein. Sie betteln jammernd um Hilfe, oder sie drängeln
sogar auch halbwegs trotzig, wenn es nicht schnell besser
wird. Aber nach derartigen Aggressionsversuchen kippen sie
wieder ganz schnell um und verwandeln sich erneut in ein
kindlich wirkendes Wesen, das sich kläglich an einen Be-
schützer klammert. Im Gegensatz dazu versuchen sich die
Vertreter des Typus B gegen ihre enormen Besorgnisse durch
sogenannte "Verleugnung" zu schützen. Diese Patienten kämp-
fen von sich aus gegen ihre im Grunde allerdings nicht minder großen Vernichtungsängste an. Sie haben daher eher als
die Patienten der Gruppe A die Möglichkeit, sich in einer
aktiven, kämpferischen Art Selbstbestätigung zu verschaffen.
Der Typ B-Patient hat eine besser kontrollierte Fassade und
wirkt selbstständiger. Oft betonen sie ihre Größe und Stärke,
um auf diese Weise ihre Angst vor Schwäche und Ohnmacht in
Schach zu halten. Viele B-Patienten sind anfangs nicht ge-
neigt, über ihre inneren Konflikte zu reden. Mit ihrer Tendenz, sich in aktiv verleugnender Weise gegen ihre Ängste ab-
zuschirmen, hängt es zusammen, daß sie sich generell keine
psychischen Schwächen zugestehen möchten.

In einer Untersuchung über "Somatisch bedingte Beschwerden
beim Herzzangstsyndrom", (I. OBERHUMMER et al. 1979) wurden eine Gruppe mit Wirbelsäulenveränderungen und Herzangst,
eine Gruppe mit Wirbelsäulenveränderungen ohne Herzangst und
eine Normpopulation miteinander hinsichtlich der Faktoren
Ängstlichkeit und Depressivität getestet. Die Ergebnisse
dieser Studie ergaben, daß die Gesamtgruppe der Herzangstpatienten als signifikant ängstlicher im Vergleich zu den
beiden anderen Gruppen war. Im Affektivitätsbereich boten
die Herzangstpatienten eine stärkere Labilität, im Befind-

lichkeitstest nach von ZERSSEN wiesen sie vermehrt hypochondrisch, psychasthenische und depressive Merkmale auf.

BAUMEYER (1966) schildert die Persönlichkeit von Patienten,
die an einem akuten psychogenen "Herzanfall" erkrankt sind,
als gefügig, bescheiden, unterwürfig, gutmütig und weich;
die Patienten gehen jedem Streit aus dem Weg. Schwierigkeiten
werden umgangen. Vorhandene aggressive Gehemmtheit läßt sich
bis in die Kindheit verfolgen (Fehlen der Trotzphase, Patienten waren in der Schule Musterkinder u.s.w.).

Nicht geklärt ist die Frage, ob die eben beschriebenen Per-
sönlichkeitsmerkmale durch die Beschwerden bedingt sind,
oder, ob hier prämorbide Eigenschaften der Patienten dargestellt wurden. Aus der Literatur ist mir diesbezüglich keine
Untersuchung bekannt.

1.7. Ätiopathogenese

Der psychosomatische Doppelaspekt des Herzangstsyndroms verlangt neben der Analyse der psychodynamischen Faktoren auch eine
nähere Betrachtung der psychophysiologischen Bedingungsfaktoren.

1.7.1. Psychodynamische Faktoren

MICHAELIS (1970) konnte bei 39 von 40 Herzphobikern, die
er untersucht hat, einen durchaus gleichartig strukturierten
Konflikt finden, der sich wie folgt verdeutlichen läßt; es
bestehen bei abnormer Bindung oder Abhängigkeit von einem
Ehe-, Liebes- oder anderen Partner gleichzeitig mehr oder
minder unbewußte Strebungen und Tendenzen, die auf eine
innere oder gar äußere Ablösung von diesem hinzielen. Die
Ablösungstendenzen im Konflikt treten bei den verschiedenen
Patienten in leicht modifizierter, im Kern jedoch gleich-
artiger Form auf. Man findet, mehr oder weniger offen zu-
tage liegend, folgende direkte Ausdrucksformen: Scheidungs-
absichten, die wieder verworfen werden; außereheliche Ver-
hältnisse; Auseinandersetzungen mit dem Partner; Träume mit
gegen den Partner gerichteten Todes- oder Verlustwünschen
oder kaschiert mit Eifersuchtsgefühlen.

Die in der Exploration faßbaren Ausdrucksformen bzw. die
den Kranken mehr oder minder bewußten und von ihnen genannten
Motive für die Nichtrealisierung der Trennungswünsche sind:
Moralische Verpflichtung dem Partner gegenüber; Furcht vor
der Reaktion des Partners, vor allem wenn er bei bevorste-
hender Trennung mit Suizid droht; abnorme Mutter- oder
Vaterbindung mit Projektion auf den Partner; Angst vor dem
Alleinsein; Geborgenheitssehnsucht; Wunsch nach Ansehen;
Sicherheitsstreben; sexuelle Bindung; Verwöhnung und Bequem-

lichkeit und andere (MICHAELIS, 1970).

Daß Herzangstpatienten etwa in der frühen Kindheit durch
traumatisierende Trennungserlebnisse eine Sensibilisierung
erfahren haben, wie sie BOWLY (1960) beschrieben hat, ist
vorläufig nicht wahrscheinlich zu machen. Der Konflikt liegt
in der von den Patienten antizipierten Trennungssituation,
einer Trennung, die sie wünschen müssen und zugleich fürchten.

Zu der auf den Partner bezogenen Verlustangst kann in manchen Fällen noch ein gleicher Affekt hinzutreten, der sich
jedoch auf den Berufsbereich bezieht. Dies wird deutlich,
wenn die psychodynamische Wechselbeziehung zwischen Beruf
und Ehe oder einer anderen Partnerschaft betrachtet wird.
Der Verlust der Bindung an den Beruf vermag die bevorste-
hende Unsicherheit erheblich zu verstärken. HÄFNER (1954)
sagt treffend: " Wenn das Dasein jedes tragendes Halts,
seines Weltentwurfes beraubt wird, wenn alle gelebten Werte
zu Verlust gehen oder nicht realisierbar sind, dann fällt
es....... in die Angst". GEBSATTEL (1970) nennt dies den
"Sturz in die Leere", und BINSWANGER (1970) sagt, daß die
Angst umso stärker werde, "je weniger von dieser Welt an
Halt verbleibt. Die Zuflüsse der Herzangst sind vielfäl-
tiger und komplexer konstruiert als bisher geglaubt wurde."

Dagegen hebt MICHAELIS (1970) die Bedeutung der beruflichen
Situation als Bedingungsfaktoren des Herzangstsyndroms hervor:

1. Spannungen und Konflikte im Berufsbereich sind mehr oder
   weniger relevante Mitbedingungen der Erkrankung.

2. Die Berufskonflikte sind psychodynamisch so konstelliert,
   daß sie gleichsam eine Wiederholung bzw. das Abbild eines

früheren Partnerschaftskonfliktes darstellen und jetzt
ausreichen, um das Erkrankungsbild erneut auszulösen.

3. Berufskonflikte stellen überhaupt den Grund für die Entstehung der Erkrankung dar.

Zusammenfassend kann hinsichtlich der Beziehungen zwischen
Ehe und Beruf in der Genese des Herzangstsyndroms gesagt
werden, daß der Beruf bei nicht intakter Ehe manchmal zum
polaren Ausgleichsfaktor für die Aufrechterhaltung des
seelischen Gleichgewichtes wird. Und wenn sich auch in ihm
Konfliktspannungen ergeben, kann das Kompensationsgefüge
zusammenbrechen: "Das Herzangstsyndrom wird manifest"
(MICHAELIS, 1970).

1.7.2. Psychophysiologische Faktoren

Das Konzept des vegetativen Gleichgewichts ("autonome Balance")
beruht auf der Vorstellung von einem sich homöostatisch ver-
haltenden Vegetativum mit den beiden antagonistisch arbei-
tenden Innervationssystemen Sympathikus und Parasympathikus.
Das Vorhandensein und die stabile Aufrechterhaltung dieses
Gleichgewichts wird als Normalzustand betrachtet (STRIAN,
1983). Untersuchungen von WENGER (1966) zeigten, daß bei
psychischen und psychosomatischen Störungen im allgemeinen
vermehrt eine "sympathische" Dominanz zu beobachten ist. In
den meisten Fällen hat der akute Anfall eines Herzangstpatienten das Gepräge eines sympathikovasalen Anfalles (der
mit Blutdrucksteigerung, Tachykardie, Tachypnoe einhergeht).
CANNON (1963) meint, daß der sympathikovasale Anfall eines
Herzneurotikers lediglich das übriggebliebene vegetative
Teilstück einer zweckmäßigen Abwehrreaktion, deren anima-
lischer Folgeteil, nämlich die Muskelreaktion, verlorenge-
gangen wäre. TOMPKINS et al. (1919) beobachtete bei der

neurozirkulatorischen Asthenie eine abnorme angstneurotische
Reaktion auf Adrenalininjektionen. JONES und MELLERSH (1946)
fanden bei angstneurotischen Patienten abnorm erhöhte Serum-
laktatkonzentrationen unter körperlichen Leistungsanforde-
rungen. COHEN und WHITE (1951) beschreiben, daß Herzangstpatienten bei Hyperventilation oder Kohlendioxyd-angerei-
cherter Atemluft Angstattacken entwickeln.

Auch genetische Faktoren dürften beim Herzangstsyndrom eine
Rolle spielen. Nach COHEN und WHITE (1951) wird die neurozirkulatorische Asthenie bei Erkrankung beider Eltern in 65%
der Kinder, bei Erkrankung eines Elternteils in 38% der Kinder angetroffen. KOEPCHEN (1964) geht von einem völlig anderen Gesichtspunkt aus und diskutiert, daß speziell beim Herzangstsyndrom die Möglichkeit besteht, daß durch Konditionierung eine gesteigerte Bereitschaft zu vegetativen Reaktionen erworben werden kann. Dabei können an die Stelle des
ursprünglich auslösenden Reizes Reize dritter, vierter oder
noch höherer Ordnung treten, die schließlich gar keinen Zusammenhang mit dem Ursprünglichen erkennen lassen und ihn
überhaupt aus dem Bewußtsein verschwinden lassen. ENGEL und
CHISM (1967) vom Cardiovascular Research Institute San Fran-
zisco haben in Konditionierungsversuchen bewiesen, daß eine
Herzschlagbeschleunigung prinzipiell gelernt werden kann,
und zwar leichter als eine Verlangsamung. KLICPERA und STRIAN
(1980) meinen, daß eine inadäquate Bewertung vegetativer
Wahrnehmungen und die damit gekoppelte oder konditionierte
Angstreaktion einen zentralen Faktor in Entwicklung und Persistenz organphobischer Ängste darstellen.

Die Genese des Herzangstsyndroms ist bis heute nicht geklärt.
Die Ursache dürfte auf multidimensionale Faktoren zurückzuführen sein. Entwicklungsbedingte und dispositionelle Komponenten dürften eben so eine Rolle spielen wie umweltbedingte
und lerngeschichtliche Faktoren.

2. Die Verhaltenstherapie

Die Verhaltenstherapie ist eine der jüngsten und zugleich ältesten Therapieformen. Sie setzt sich aus mehreren Behandlungsmöglichkeiten zusammen, die sich methodisch auf Erkenntnisse der Lerntheorien beziehen. Gemeint ist, daß neurotische Symptome erlernte Verhaltensweisen sind, die gelöscht oder verändert werden können. Diese Hypothese stützt sich auf Tierversuche, wobei durch Konditionieren, ein dem neurotischen Betragen des Menschen ähnliches Verhalten, hervorgerufen und abgeändert werden konnte. KNIGHT DUNLAP (1932), einer der bedeutendsten Vertreter dieser experimentalpsychologischen Hypothese meinte: "Der Erwerb unerwünschter Gewohnheiten besteht in den meisten Fällen in einem Lernprozeß. Sie können nur durch einen Lernprozeß beseitigt oder korrigiert werden. Die Erlösung des Neurotikers liegt in der Anwendung der Ergebnisse der wissenschaftlichen Psychologie. Unter diesen Ergebnissen sind die Lernprinzipien die bei weitem bedeutsamsten, ..."
Der Begriff "Behavior therapy" wurde unabhängig von LAZARUS (1958) einerseits und von EYSENCK (1959) andererseits geprägt. In den zwei Jahrzehnten seither hat diese Therapieform eine rasche Entwicklung durchlebt, die von einigen wenigen Forschern maßgeblich beeinflußt war (KANFER und SASLOW, 1969; WOLPE 1952, TURNER und SOLOMON, 1962).

2.1. Allgemeine Grundlagen der Lerntherapie

In der Lerntheorie werden die Störungen im Verhalten eines Menschen auf einige wenige Grundprozesse zurückgeführt: auf ein "Überlernen", d.h. auf ein Zuviel an Konditionierungen, Generalisierungen, oft verbunden mit angstreduzierendem Vermeidungsverhalten (auch als Fehllernen bezeichnet), und auf unterbliebene Lernprozesse, die sich besonders im sozialen

Bereich manifestieren. Dabei kann zwischen dem Lernprozeß als
einem formalen Ablauf und dem, was gelernt wird, dem Inhalt
des Lernens unterschieden werden. Ein solcher Prozeß kann
manchmal überhaupt wegfallen, übertrieben zum Einsatz gelan-
gen oder zu einer ungünstigen Zeit stattfinden.

Um den richtigen Zeitpunkt für einen Lernprozeß zu bestimmen,
wird der Verhaltensanalyse eine entscheidende Bedeutung bei-
gemessen. Dabei soll die Lerngeschichte geklärt werden.
KANFER und SASLOW (1969) schlagen vor, folgende Blickpunkte
zu beachten:

1. Analyse der Promlemsituation in Kategorien der Häufigkeit,
   Stärke, Dauer des Reizes, seiner formalen Angemessenheit
   und des ganzen Stimulusgefüges.
2. Analyse der Problemsituation (Umstände eines problematischen
   Verhaltens, Konsequenzen, auch solche, welche eine Änderung
   nach sich ziehen können).
3. Motivationsanalyse (Bestandaufnahme verstärkender und aversiver Stimuli im sozialen Umfeld).
4. Analyse der körperlichen und sozialen Entwicklung (insbesondere der Entwicklung von Verhaltensweisen in bestimmten
   Lebensabschnitten in Verbindung mit spezifischen neuen
   Stimuli, die zu merklichen Verhaltensänderungen geführt
   haben und in Beziehung mit dem gegenwärtigen Problem stehen).
5. Analyse der Selbstkontrolle (im täglichen Leben).
6. Analyse der sozialen Beziehungen (Einfluß auf das problematische Verhalten).
7. Analyse der sozialen, kulturellen und physischen Umgebung
   (Berücksichtigung von Normen der natürlichen Umwelt, des
   sozialen Druckes eines Patienten).

Anderen Autoren mußte ein so allgemein gefaßter Ansatz als
zuwenig differenziert erscheinen. MEYER und CHESSER (1971)

gehen etwa von folgender Definition aus: Lernen ist " a
relatively permanent change in behaviour resulting from
practice". Dem entsprechend kann nicht jede Verhaltensweise
eines Menschen als gelernt betrachtet werden, man muß z.B.
den Effekt psychologischer Prozesse wie Wachstum, Altern
und Ermüdung berücksichtigen. So meint GRAY (1971), daß
man nicht vom Lernen sprechen könne, wenn ein Kleinkind lau-
fen lerne. Es müssen sich die "neuronalen Mechanismen, die
das Verhalten ermöglichen", erst entsprechend entwickelt haben und ausgereift sein. Man kann sich vorstellen, daß entsprechend dem Reifungszustand des neuronalen Systems verschiedene Verstärker erst zu einem bestimmten Zeitpunkt wirksam und dann auch eine Appetenz des Individuums sättigen können.

Nach WOLPE (1952) liegt ein Lernprozeß dann vor, wenn eine
Reaktion im zeitlichen Konnex mit einem sensorischen Reiz
hervorgerufen wurde und sich dann auch zeigt, daß sie durch
diesen Stimulus vorher nicht ausgelöst werden konnte, zumindest nicht in diesem Ausmaß. Bei dieser Definition ist
entscheidend, daß man erst dann vom Lernen sprechen kann,
wenn bereits eine Reaktion stattgefunden hat.

Wie PRIBRAM (1963) betont, sollte daran erinnert werden
daß "sogar der Reflexbogen, wie SHERINGTON ihn zur Erklärung des spinalen Reflexes vorschlug, zunächst als eine
"nützliche Fiktion" gedacht war. Aber es kann unmöglich
komplexes menschliches Verhalten durch so einen einfachen Prozeß erklärt werden. Die Latenz der Reaktion bei vielen
menschlichen Verhaltensweisen zeigt an, daß mehr als ein
einfaches S-R-Glied (Stimulus-Reaktion) beteiligt ist. Um
das zu erklären, sind theoretische Annahmen und zwischen-
geschaltete Variablen, entweder in Form von vorweggenommenen

Zielreaktionen, vermittelten Prozessen (OSGOOD[*]) 1953) oder
kognitiven Gliedern nötig.

Wie MEYER und CHESSER zeigen, kann Lernen teilweise ohne erkennbare Reaktionen vor sich gehen, da man zwischen der Aneignung einer Fehlzeit und ihrer Ausführung unterscheiden
muß. Es scheint Aneignungsprozesse zu geben, die ohne äußer-
lich wahrnehmbare Veränderungen ablaufen. Beispiele dafür
wurden durch das Wahrnehmungslernen, das assoziative Konditionieren (sensory preconditioning) (BROGDEN, 1939), das
Lernen ohne zu reagieren (unter Lähmung durch CURARE), das
Ortslernen und das "latente Lernen" (SZYMANSKI, 1918) gezeigt.

Das Interesse an einer abstrakten Begriffsbestimmung des
"Lernens" ist damit zunehmend jenem an der Beobachtung
einzelner zusammenhängender Lernprozesse ihrer Entstehung
gewichen. Untersuchungsgegenstand ist dann etwa das Lernen
von Signalen (classical conditioning (PAVLOV, 1927), Lernen
am Erfolg (operant or instrumental conditioning) (EYSENCK,
1964; SOLOMON und WYNNE, 1954; TURNER und SOLOMON, 1962)
und Lernen am Modell (BANDURA, 1976).
Dabei kommt auch zum Ausdruck, daß Lernprozesse je nach Er-
fordernis und Gegebenheit der Umwelt, aber auch je nach der
individuellen psychophysischen Integrität des Lernens in
verschiedenster Weise ablaufen.

Beim Lernen von Signalen gelten folgende Gesetzmäßigkeiten:
Je öfter eine gekoppelte Reizsituation dargeboten wurde, um
so stärker wird sich die konditionierte Reaktion erweisen.
Unter gekoppelter Reizsituation versteht man, daß ein neu-

---

[*])Einen guten Abriß über diese Entwicklung bringt R. VAN
QUEKELBERGHE in: Modelle kognitiver Therapien, Wien 1979,
S. 7 - S. 10.

traler Reiz mit einem unkonditionierten Stimulus verbunden
wird. Nach einer bestimmten Anzahl von Versuchsdurchgängen
löst dann dieser neutrale Reiz eine (jetzt konditionierte)
Reaktion aus. Wenn eine konditionierte Reaktion auch nach
Reizen auftritt, die mit dem ursprünglichen Stimulus nicht
identisch, sondern nur ähnlich sind, spricht man von Gene-
ralisierung. Die Stärke der bedingten Reaktion richtet sich
nach dem Grad der Reizähnlichkeit.

Lernen am Erfolg geht auf SKINNER (1953) zurück, welcher
zwischen reaktivem (oder respondentem) Verhalten, das durch
spezifische Reize ausgelöst wird einerseits und spontanem
(oder operantem) Verhalten, für das sich kein Auslösereiz
finden läßt, das aber verstärkt werden kann andererseits,
unterscheidet. Lernen besteht in einer Veränderung von
Reaktionswahrscheinlichkeiten; Verstärkung ist durch ein
Bedingungsgefüge charakterisiert, welches Reaktionswahrscheinlichkeiten verändert. Je nach dem, ob die Reaktions-
wahrscheinlichkeit erhöht oder erniedrigt wird, kann man
von einer positiven oder negativen Verstärkung sprechen.
"Bestrafung" im lerntheoretischen Sinn wird als Darbietung
eines negativen oder als Entzug eines positiven Verstärkers
verstanden, die Entfernung eines negativen Verstärkers als
Belohnung. Sie geschieht oft in Form von Flucht oder Vermeidung (MEYER und CHESSER, 1971). Mit Hilfe des instru-
mentellen Lernens lassen sich komplexe Verhaltensweisen
aufbauen. Im menschlichen Zusammenleben spielt operantes
Konditionieren eine wichtige Rolle, viele pädagogische Maßnahmen lassen sich darauf zurückführen (KIMBLE 1961, SKINNER
1953).

Unter Lernen am Modell versteht BANDURA (1969) ein Imitations-
lernen, bei dem zwei Phasen unterschieden werden: Zunächst

die Phase der Verhaltensaneignung, dann die der Verhaltens-
äußerung. Beim ersten Schritt der Aneignung eines Modell-
verhaltens werden zunächst in einer Art "stellvertretendem
Diskriminationslernen" einzelne Verhaltenselemente aus der
Summe der demonstrierten Eigenschaften abstrahierend iso-
liert und schließlich zu einer neuen Kombination zusammen-
gesetzt. Dadurch wird es dem Individuum möglich, sich in
kritischen Situationen so wie das Modell zu verhalten, ohne
daß es dessen Reaktion im selben Bedingungsgefüge jemals
beobachtet hätte.

2.2. Lerntheoretische Formulierung psychischer Störungen

Sehr wichtig für die klinische Psychologie ist das Problem
der Umsetzbarkeit, dieser allgemeinen Prinzipien auf die
Besonderheiten psychischer Störungen.

2.2.1. Frühe klinische Anwendungen

Bereits um 1910 begannen einige namhafte Lerntheoretiker
(BECHTEREV, MEYER, WATSON) mit Hilfe ihrer Erkenntnisse, die
sie zumeist aus Tierexperimenten gewannen, die Entstehung
psychischer Störungen beim Menschen zu erklären. Sie ließen
bisherige Meinungen, daß Krankheiten vererbt oder einfach
"Schicksal" seien außer Acht und boten völlig neue Ansätze
für Ursache und Behandlung einer somatischen Störung an.
Von großer Bedeutung sind BECHTEREV's Pionierleistungen
in der Anwendung der Konditionierungstheorie auf Probleme
der Entstehung psychisch auffälliger Verhaltensweisen.
"Die von mir vorgeschlagene Methode besteht darin, daß zuerst
der motorische Assoziationsreflex auf einen bestimmten Reiz
gebildet wird; nachdem der letztere stabil geworden ist,
verringert man den Reiz, der den Assoziationsreflex hervor-
ruft, bis zu einem Grade, wo der letztere überhaupt ausgelöst werden kann" (BECHTEREV, 1912 c, b.).
"Simulierte Taubheit, Blindhiet, Anästhesie und Lähmungen
konnten so zweifelsfrei durch eine anerzogene Furcht von
aversiver Reizung aufgedeckt werden. Die Technik der Aner-
ziehung konditionierter Reflexe auf der Basis aversiver
Reizung, die BECHTEREV bei hysterischen Störungen einsetzte,
sind heute unter dem Begriff der Aversionstherapie zusammengefaßt" (SCHORR, 1984, S. 23). Weiterhin stellte BECHTEREV
zur Behandlung phobischer und zwanghafter Störungen 1915
erstmals ein mit Willensstärkung verbundenes "ablenkendes

Verfahren" vor, das Merkmale heutiger Desensibilisierungs-
techniken trägt: Den Patienten wurden in einer angstfreien
Situation, bei geschlossenen Augen und im Zustand völliger
Passivität Furcht auslösende Inhalte suggeriert. Nach einer
Reihe von Sitzungen und unterstützt durch die beschriebenen
physischen und medikamentösen Begleitmaßnahmen stellte sich
meist ein völliger oder zumindest teilweiser Abbau der Angst
ein. Zugleich betrachtete BECHTEREV es als wünschenswert,
die äußeren Lebensbedingungen unter denen der Patient lebte
und die mit der Entstehung seiner Furcht zusammenhingen, zu
verändern. Der Autor versuchte seine neuen Erkenntnisse nicht
nur für die Erklärung des Krankheitsbildes anzuwenden sondern
auch für dessen Behandlung.

Unabhängig von BECHTEREV entwickelte MEYER ein neues Denk-
modell zur Erklärung psychischer Störungen. Er ermutigte
seine Mitarbeiter und Studenten, die gewohnten medizinischen
Sichtweisen zurückzustellen und sich des gängigen "Asyl-
vokabulars" zu entledigen (MEYER, 1908). Im Zentrum seiner
Überlegungen stand das Konzept der "Gewohnheitsstörung"
("habit disorder"), unter dem er alle Formen psychischer
Krankheiten zusammenfaßte. Er sieht eine Krankheit als Teil
einer Anpassungsreaktion auf eine bestimmte Situation. Er
wandte sich "positiven" Faktoren der Verursachung zu. D.h.
er befaßte sich mit der Umwelt und den familiären Verhält-
nissen des Patienten und versuchte so, dem Erwerb abnormer
Gewohnheiten oder dramatischer Erlebnisse näherzukommen
(MEYER, 1908). MEYER´s Vorstellungen zur Therapie der
psychischen Störungen haben DORCUS und SHAFFER (1934) folgendermaßen zusammengefaßt. Von "besonderer Bedeutung" ist
die aktuelle Situation, in der sich der Patient bei Ausbruch
der Erkrankung befindet. Die Beziehung zwischen Arzt und
Patient wird durch Kooperation und Zusammenarbeit gekenn-

zeichnet, wobei dem Arzt eine deutlich aktivere Rolle zu-
kommt. Die Probleme werden in den Therapiesitzungen gemeinsam besprochen und analysiert und neue rationalere
Sichtweisen vorgeschlagen. Zum Abschluß jeder Sitzung ist
es die Aufgabe des Arztes, das analysierte Material mit
einer konstruktiven Formulierung zusammenzufassen. Ziel
der Behandlung ist es, den Patienten zu einer objektiven
Einschätzung seiner Beschwerden zu führen, ihn selbst-
sicherer zu machen, aber auch zu befähigen, sich an seine
Umwelt anzupassen.

Der radikalste Vertreter des Behaviorismus war John WATSON,
der psychische Krankheiten konsequent als unangemessene,
falsche oder fehlende Reaktion auf bestimmte Situationen
oder Objekte auffaßte. Er versuchte zu beweisen, daß sie
über Prozesse der Konditionierung erworben und aufrechterhalten wurden (die Fallgeschichte eines "neurasthenischen"
Hundes, SCHORR, 1984, S. 44). WATSON zählt zu den Vorreitern
eines neues Trends in der Sichtweise der Psychopathologie.

2.2.2. Die Angst als "conditioned emotional response"

Die Lerntheoretiker haben innerhalb der psychogenen Störungen
dem Symptom Angst eine zentrale Stellung eingeräumt(HULL,
1943, WOLPE,1952 u.a.). In Anlehnung an die frühen Beha-
vioristen fassen MEYER und CHESSER die "neurotische Angst"
als eine gelernte emotionale Reaktion auf, die subjektive,
vegetative und motorische Anteile haben kann und durch das
Zusammentreffen eines vormals neutralen äußeren und inneren
Reizes mit einem aversiven Reiz im Sinne des Lernens von Signalen entstanden ist (MEYER und CHESSER,1971). Sie meinen,
daß dieser Lernvorgang zusammen mit Reizgeneralisation und
dem Konditionieren höherer Ordnung zur Folge haben kann,daß
Angst durch viele Reize, die keine primär aversiven Eigen-

schaften haben, erzeugt werden kann. Die konditionierte
Angst hat die Qualitäten eines erworbenen Antriebes, der
manchmal als gelernter Vermeidungsantrieb (conditioned
avoidance drive) bezeichnet wird, und vermag daher eine
Flucht oder Vermeidungsreaktion in Gang setzen, wenn erst
einmal z.B. ein Warnsignal Furcht auslöst, verringert die
Vermeidungsreaktion die Furcht und ist durch diese Trieb-
verminderung belohnt (Lernen am Erfolg).

Die Beständigkeit des traumatischen Vermeidungslernens
wurde von SOLOMON und WYNNE (1954) als Angstkonservierung
und teilweise Irreversibilität der Angst erklärt. Wenn ein
Patient volle Fahrstühle vermeidet, nimmt er sich die Möglichkeit, sich von der Ungefährlichkeit voller Fahrstühle
zu überzeugen.

Vermeidungslernen, so scheint es, ist ein Modell für die
Entstehung neurotischer Angstreaktionen, die wegen der
Intensität der emotionalen Reaktion oder wegen des Ver-
meidungsverhaltens, das eine erneute Erfahrung mit dem
aversiven Reiz verhindert, nicht gelöscht werden.

Die Stärke und Dauer des "neurotischen" Verhaltens werden
durch Variablen, wie Intensität und Häufigkeit des schmerz-
haften Reizes, Ausmaß der Beschränkung, Möglichkeit zur
Flucht und Vermeidung, Trieblage und individuelle Unterschiede (angeboren oder frühere Erfahrung) bestimmt.
(MEYER, CHESSER, 1971).

Weitere Hinweise, wie wichtig der Konflikt in der Genese
psychischer Störungen ist, liefert eine Studie über psychosomatische Störungen. SAWREY u.a. (1956) fanden nämlich,
daß Hunger und Schock, zusammen in einem Annäherungs- Ver-

meidungskonflikt angewandt, häufiger zur Herausbildung von
Magengeschwüren bei Ratten führen, als jeweils die Wirkung
von Hunger oder Schock. Verhaltensstörungen bei Tieren können
Ähnlichkeiten mit der menschlichen Neurose aufweisen. Die
bei der Neurose auftretenden komplexen begrifflichen und
gedanklichen Vorgänge sind ein offensichtliches Unterschei-
dungsmerkmal zu den Tierneurosen.

MEYER und CHESSER (1971) betonen, daß Sprache und Vorstellung
als durch Reaktionen erzeugte Reizmerkmale, die Angst- und
Vermeidungsreaktionen auslösen, dienen können. Sie sind der
Meinung, daß es oft genügt, über Situationen, die in Wirklich-
keit Furcht auslösen, nachzudenken oder sie sich vorzustellen,
um Angst oder autonome Reaktionen auftreten zu lassen.

Durch Sprechen, Denken und Vorstellen können emotionale und
Vermeidungsreaktionen auftauchen und verschwinden, ohne daß
man der wirklichen Situation aversiver Konditionierung ausgesetzt sein müßte. Dies weitet die Zahl der Umstände, unter
denen emotionale Reaktionen auftreten können, sehr aus und
könnte auch für die zunehmende Widerstandskraft gegen eine
Löschung verantwortlich sein. MEYER und CHESSER weisen darauf hin, daß viele menschliche Verhaltensweisen von inneren
Reizen - Denken oder andere somatische Vorgänge - abhängig
werden, und es kann schwierig sein, sie auf Umweltreize zu
beziehen.

2.3. Die Methoden der Behandlung (innerhalb des Therapiemodells, siehe Kap. 1 im empirischen Teil)

2.3.1. Die systematische Desensibilisierung

Die systematische Desensibilisierung zählt zu den "Konfrontationsmethoden" der Angsttherapie innerhalb der Verhaltenstherapie (FLIEGEL et al. 1981) und wurde Anfang der siebziger Jahre von Joseph WOLPE (1958) entwickelt.

Konfrontationsmethoden bei Verhaltenstherapien.
(Aus FLIEGEL et al. 1981) in Strian, 1984. p.388.

Art der Konfrontation	in sensu	
graduiert	systematische Desensibilisierung	Habituationstraining
massiert	Implosion	Flooding Reizüberflutung

Abb. 3

Die grundlegende Idee ist, daß eine Angstreaktion gehemmt werden kann, indem man sie durch eine Aktivität ersetzt, die sich der Angstreaktion gegenüber antagonistisch verhält. Wenn jemand zum Beispiel an Klaustrophobien leidet, und jedesmal, wenn er mit einem Aufzug fährt, große Angst verspürt, würde man ihm helfen, wenn man ihn anleitet sich zu entspannen. Auf diese Weise würde man seine Angst "gegenkonditionieren" (MEYER, CHESSER, 1971). Desensibilisierung wird erreicht, indem man ein Individuum allmählich, d.h. in kleinen Schritten der gefürchteten Situation aussetzt, während es die zur Angst antagonistische Aktivität ausführt. Die graduelle Konfrontation mit der Angst des Patienten kann entweder in der Vorstellung des Patienten oder "in vivo" erfolgen. Das Prinzip, das dem Desensibilisierungsprozeß zugrunde liegt, wurde von WOLPE "reziproke Hemmung" genannt. Er meint: "Wenn eine angsthemmende Reaktion in Gegenwart

angsterzeugender Reize hervorgerufen werden kann, so schwächt
sie die Verknüpfung zwischen diesen Reizen und der Angst".
(WOLPE, 1958).

Es wird also angenommen, daß die Angst eines Individuums er-
lernt ist, und daß sie unter Anwendung von Prinzipien, die
auf der Lerntheorie basieren, verlernt werden kann. Es geht
nicht darum, die Persönlichkeit des Patienten neu zu gestal-
ten, sondern einziges Ziel dieser Technik ist es, daß der
Patient lernt, wie man aktiv der Angst entgegenwirken kann
und ihr nicht mehr hilflos ausgeliefert ist.

Das Erlernen der systematischen Desensibilisierung erfolgt in
drei Schritten:
1. Entspannungstraining (nach JAKOBSON, 1929).
2. Erstellung einer Angsthierarchie
3. Die eigentliche systematische Desensibilisierung
   (die Gegenüberstellung von Entspannung und angstauslösenden Reizen).
Die Technik hat den Vorteil, daß sie für den Patienten rasch
erlernbar ist und keine unangenehmen Begleiteffekte aufweist
(WOLPE, 1972).

Die ersten experimentellen Forschungsergebnisse zu Effektivität der Desensibilisierung erbrachten LAZOVIK und LANG 1960
(LANG und LAZOVIK, 1963). Sie setzten diese Technik erstmals
bei einer einfachen Phobie, der Angst vor Schlangen ein. Ihre
Experimente zeigten, daß die Vermeidung eines phobischen Ob-
jektes signifikant verringert werden konnte. Diese Ergebnisse
wurden von PAUL (1966) bestätigt. Er verglich die Wirksamkeit
der Desensibilisierung mit der Placebobehandlung und der Ein-
sichtstherapie, auf die Reduktion unrealistischer Ängste die
Studenten hatten, wenn sie einen Vortrag vor einer Zuhörer-
schaft halten mußten. Die Ergebnisse zeigten, daß die Desensibilisierung den beiden anderen Techniken überlegen war

und die Verbesserung einer über zwei Jahre dauernde Nachuntersuchung standhielten (PAUL, 1967). DAVISON (1968b)
konnte in seinen Experimenten WOLPES Annahme bestätigen,
daß die Desensibilisierung nur dann eine Angstreduktion bewirkt, wenn die aversiven Stimuli mit der Entspannung ge-
paart werden.

2.3.1.1. Die progressive Muskelrelaxation

Die Entspannungstechnik, die im folgenden beschrieben wird,
ist eine gekürzte Form der "progressiven Muskelentspannungsmethode" von Edmund JACOBSON (1938). Sie wurde erstmals in
den Fünfzigerjahren von Joseph WOLPE bei der systematischen
Desensibilisierung von phobischen Ängsten eingesetzt und
seither von WOLPE und vielen anderen Verhaltenstherapeuten
in mehr oder weniger modifizierter Form erfolgreich erprobt.

1. Die Methode

Die Grundübung der Entspannungstechnik wird mit einer Erklärung über den Sinn der Entspannung im Rahmen der Desensibilisierung von Angstreaktionen eingeleitet. Es muß dem Probanden der Zusammenhang zwischen erhöhter Muskelentspannung
und der Reduktion von Angst und Nervosität verständlich gemacht werden. Über die Dauer der Übung gibt es keine festen
Kriterien. Durchschnittlich werden von den ersten 4 - 6
Sitzungen, in denen die Informationen über die angstauslösenden Situationen eingeholt und die Hierarchien zumindest
in ihren Grundstufen aufgestellt, jeweils etwa 20 Minuten
für die Entspannung verwendet. In diesen ersten Übungen lernt
der Patient die Spannungszustände seiner Muskelpartien zu
kontrollieren und sie sukzessiv in einem erhöhten Entspannungszustand zu bringen. Es hat sich gezeigt, daß der Proband
die spezifischen Unterschiede der Anspannung- und Entspannungsgrade wahrzunehmen und zu kontrollieren lernt, wenn systema-

tisch die verschiedenen Muskelpartien zuerst angespannt und
dann entspannt werden: Der Patient wird aufgefordert, die
Empfindungen 1) bei der Muskelentspannung 2) beim allmählichen Übergang von Anspannung zur Entspannung und schließlich 3) bei der Entspannung bewußt wahrzunehmen. Nach den
ersten 4 - 6 Sitzungen, in denen die Anspannungs- und Entspannungsübungen durchgeführt wurden, sind die Anspannungs-
übungen vor der Entspannung nicht mehr nötig. Lediglich ein
kurzzeitiges Anspannen des ganzen Körpers, unmittelbar bevor die Entspannungsübung beginnt, hat sich als nützlich erwiesen.

2. Die Abfolge, nach der die Körperpartien entspannt werden:
   (im Detail siehe Anhang).
   a) Entspannung der Hände und Arme.
   b) Entspannung der Gesichtsregion (Stirn, Augenpartie,
      Nase, Lippen, Wangen, Zunge, Unterkiefer und Kinn)
      und der Hals- und Schulterpartie.
   c) Entspannung von Brust, Bauch und Rücken.
   d) Entspannung der Sitzmuskel, der Beine, der Füße und
      Zehen.
   e) Entspannung des ganzen Körpers.

3. Instruktion
Die Übungen werden den Probanden vorgezeigt und gemeinsam
mit ihnen ausgeführt. Im Laufe von wenigen Sitzungen wird
es dem Patienten gelingen eine tiefe Entspannung zu erreichen.
Er wird auch angeleitet, die Übungen zu Hause zu machen.
Manche Therapeuten nehmen das Entspannungsverfahren auf
Band auf und lassen den Patienten die Übungen täglich nach
Tonband durchführen.

2.3.1.2. Die Erstellung von Angsthierarchien

Nach WOLPE und LAZARUS (1966) ist die Konstruktion der
Angsthierarchien "der schwierigste und anstrengenste Teil
der Desensibilisierungstechnik...... sie verlangt exaktes
Erkennen der Reizquellen der unangepaßten Angstreaktion,
sorgfältiges Aufstellen und Einordnen der Items..... eine
Angsthierarchie ist eine abgestufte Liste von Reizen, in
der die verschiedenen Grade eines definierten, angstauslösenden Merkmales enthalten sind". Ausgehend von der Lebens-
geschichte des Patienten und von den verschiedenen Informationen, die durch Fragebogen erhoben wurden, hilft der Therapeut dem Patienten, all diejenigen Reize und Situationen zu-
sammenzustellen, die in ihm Angst hervorrufen. Hier versucht
der Therapeut verschiedene Themen zu isolieren, welche die
einzelnen Items der Liste miteinander zu verbinden scheinen.
Nach diesen Themen werden sie dann zu sinnverwandten und ab-
gestuften Serien geordnet, den Hierarchien. "die genaue Zu-
sammensetzung einer Hierarchie ist abhängig von der speziellen
Angst des Patienten und davon, wie er die verschiedenen Situationen wahrnimmt" (MORRIS, 1977). Der Therapeut erarbeitet
mit dem Patienten eine hierarchische Ordnung, bei der ca. 10
Sitzungen, wo Angst erlebt wird, aufgeschrieben werden. Die
Rangordnung geht von 10, wo wenig Angst erlebt wird, bis
100, wo sehr starke Angst erlebt wird.
Zum Beispiel: Angst, das Haus zu verlassen (KANFER und GOLD-
STEIN 1977, S. 276).
10. Aus der Eingangstür heraustreten, zum Wagen gehen, um
    Einkaufen zu fahren.
20. In den Wagen einsteigen, den Motor anlassen.
30. Im Wagen sitzen und aus der Einfahrt herausfahren.
40. Auf der Straße zu fahren und mich vom Haus entfernen.
50. Zwei Häuserblocks entfernt auf dem Weg zum Einkaufen.
60. Im Einkaufszentrum anzukommen und zu parken.

70. Den Laden zu betreten.

80. Den Einkaufswagen zu nehmen, und nach den Dingen zu
    schauen, die ich auf meiner Liste stehen habe.

90. Alle Dinge beisammen zu haben und zur Kasse gehen.

100. Alle Dinge beisammen zu haben, und in einer langen,
     sich langsam bewegenden Schlange warten zu müssen, um
     an die Kasse zu kommen.

Für das Erstellen der Angsthierarchie werden durchschnittlich
2 - 3 Sitzungen nötig (MORRIS, 1977).

2.3.1.3. Die Gegenüberstellung von Entspannung und angstauslösenden Reizen

Bei der Gegenüberstellung von Entspannung und angstauslösenden
Reizen, der eigentlichen Desensibilisierung, wird der Patient
mit Hilfe der Entspannung in der Vorstellung allmählich an
die angsterzeugenden Situationen gewöhnt. Zunächst überprüft
der Therapeut, wie lange der Patient braucht, um sich zu entspannen. Dann stellt er fest, welche Zeit der Patient benötigt, um sich eine Situation gut vorzustellen. Sind Entspannung
und Vorstellungszeit festgelegt, vereinbaren Therapeut und
Patient ein Signal, das der Patient gibt, wenn er Angst anzeigen will (z.B. Heben des kleinen Fingers). Ist der Patient
entspannt, soll er sich den Reiz vorstellen, der bei ihm die
geringste Angst auslöst, d.h. die Situation mit der niedrigsten Zahl (z.B. aus der Eingangstür heraustreten, zum Wagen
gehen und zum Einkaufen zu fahren).
Empfindet der Patient Angst, wird die Vorstellung abgebrochen
und die erneute Anweisung zur Entspannung gegeben bzw. wird
der Patient aufgefordert, sich etwas angenehmes vorzustellen,
z.B. "an einem sonnigen warmen Tag an einem Strand am Ozian
zu liegen" oder "an einem schönen Frühlingstag in einem Gartenstuhl auf der Veranda zu sitzen, und den vorrüberziehenden

Wolken nachzuschauen" (MORRIS, 1977 in Kanfer GOLDSTEIN,
S. 277). Dieses Vorgehen wird so lange wiederholt, bis
keine Anzeichen von Angst mehr auftreten, erst dann wird
zum nächst höheren Reiz in der Skala übergegangen. Die
Therapie wird so lange durchgeführt, bis der Patient gelernt hat, sich auch bei dem Reiz entspannt und angstfrei
zu fühlen, den er der höchsten Zahl zugeordnet hat (z.B.
100.; Alle Dinge beisammen zu haben, um in einer langen,
sich langsam bewegenden Schlange warten zu müssen, um an
die Kasse zu kommen). Sind mehrere Hierarchien aufgestellt
worden, werden diese nacheinander durchgearbeitet. Die
Reihenfolge richtet sich dabei nach den jeweiligen Gegeben-
heiten. So ist es z.B. in einem Fall sinnvoll, mit der
leichtesten Hierarchie zu beginnen, um dem Patienten möglichst schnell Erfolgserlebnisse zu vermitteln (MORRIS,
1977).

Die Erfolge der systematischen Desensibilisierung werden
zwischen 60% und 95% genannt (STRIAN, 1984, S. 392). Rund
ein Drittel der im "Psychological Abstracts" unter dem
Stichwort "Behavior Conditioning Therapy" zwischen 1962
und 1972 berichten über Untersuchungen dieser Methode.
Übersichten finden sich bei RACHMANN und BERGOLD (1976),
bei MARKS (1975) und bei FOA et al. (1980).

2.3.2. Das operante Konditionieren

Abschließend sollen noch die wichtigsten Kriterien des operanten Konditionieren dargelegt werden; auch diese Technik
spielt bei der Behandlung des Herzangstsyndromes (siehe Therapiemodell) eine Rolle. Der Terminus des "operanten Konditio-
nierens"oder "Lernen am Erfolg" ist in dieser Arbeit schon
einige Male gefallen, jedoch wurde es bis jetzt verabsäumt
eine genaue Erklärung abzugeben. Das wichtigste Charakteri-
stikum der Skinnerschen Methode besteht darin, sich auf ein
spezifisches, beobachtbares Symptom, das "Fehlverhalten",
und die auf es folgenden Änderungen in der Umgebung, die es
verstärken und unterhalten, zu konzentrieren. Verhalten
kann durch positive und negative Verstärker geändert werden.
Bei der positiven Verstärkung wird eine angenehme Konsequenz
dargeboten, welche zu erhöhtem Reagieren führt. Bei der negativen Verstärkung wird eine unangenehme Konsequenz entfernt,
welche auch zu erhöhtem Reagieren führt (KAROLY, 1977). Neue
Verhaltensmuster können durch Verhaltensformung (shaping)
(MEYER und CHESSER 1971, S. 21) und Diskrimination gelernt
werden (SKINNER, 1938). Unter Diskrimination wird die unterschiedliche Reaktion auf verschiedene Stimuli, selbst wenn
diese sehr ähnlich sind verstanden (KAROLY, 1977).

Als therapeutische Maßnahme manipuliert man die Verstärkungen,
um eine Verhaltensweise zu löschen und sie durch angepaßtere
zu ersetzen. Erwünschte Reaktionen werden belohnt, dagegen
bei unerwünschten die Belohnung vorenthalten (time out).
Fehlt das angemessene Verhalten, wird schrittweise Annäherung
an die notwendige Verhaltensweise bekräftigt, bis sie ausgeprägt ist. (MEYER und CHESSER, 1971, S. 87).

In der Literatur gibt es zahlreiche Beispiele dafür, wie Lernen am Erfolg bei psychiatrischen Patienten angewandt werden

kann z.B. SIDMAN (1962), BACHRACH (1964), EYSENCK (1964),
ULLMANN und KRASNER (1965), DAVISON (1969). BACHRACH et al.
(1965) behandelten neurotische Störungen von Erwachsenen.
Er behandelte eine Patientin mit einer schweren Anorexia
nervosa, indem er die Gesprächsmöglichkeiten mit ihr ein-
schränkte und sie als Belohnung für das Essen benutzte, sowie schrittweise normal gegessen wurde und eine Gewichtszu-
nahme auftrat, wurden soziale Bestätigungen und Priviligien
gegeben.

2.4. Lerntheoretische Erklärungsmodelle für das Herzangst-syndrom

Neben den vegetativen Erscheinungen stellt vor allem die Angst den wichtigsten subjektiv erlebten Faktor des Herz-angstsyndroms dar.

BERGOLD und KALINKE (1973) legen erstmalig ein lerntheore-tisches Konzept zur Erklärung herzneurotischer Symptomatik dar. Als Beispiel wird ein Fließbandarbeiter angeführt, der seine Arbeitssituation sehr aversiv erlebt, diese aber weder vermeiden, noch seine aggressiven Gefühle ausleben kann. Er könnte sonst seinen Arbeitsplatz verlieren. Sind dann ein-mal Ärger und Aggression in einer Situation besonders groß, kann es dazu kommen, daß die physiologischen Komponenten der verhinderten aggressiven Reaktion wie Herzschlagfrequenzan-stieg, Blutdruckerhöhung etc. wahrgenommen werden. Wird nun diese Wahrnehmung als mögliches Krankheitssymptom interpre-tiert, so hat die Situation den eigentlichen Konfliktinhalt verloren.Der Arbeiter denkt jetzt nicht mehr an seine Aggres-sionen, sondern widmet sich seinen körperlichen Symptomen. Eine Bedrohung geht jetzt nicht mehr von den Aggressionen gegen den Vorgesetzten und einer möglichen Entlassung aus, sondern von einer befürchteten Erkrankung (z.B. Herzinfarkt).

Die Autoren gingen von einer Konfliktsituation aus, in welcher der äußere den Konflikt auslösende Reiz nicht vermieden werden kann, weil die negativen Konsequenzen antizipiert werden und der Betroffene nur die physiologischen Anteile als somatische Veränderungen wahrnimmt. Die Symptome des Patienten haben also nichts mit einem kranken Körperteil (z.B. das Herz) zu tun, sondern mit der Konfliktsituation, in der sich der Pa-tient befindet. Auch BIRBAUMER (1977) beschreibt "Angst" als eine subjektive, physiologische und motorische Reaktion auf

einen bestrafenden aversiven Reiz. Ein aversiver Reiz wird
operational als Bedingung definiert, der ein Lebewesen zu
entkommen, zu beenden oder zu vermeiden versucht. Der Autor
meint weiters, daß Angstreaktionen wieder Konfliktsituationen
auslösen, durch klassisches oder operantes Konditionieren gelernt werden können. OBERHUMMER et al. betont, daß für die
Auslösung der Beschwerden vor allem die Wechselwirkung zwischen äußerem und inneren Stimuli maßgeblich sind. Als innere
Stimuli können interozeptive Reize, wie sie vegetative Schwankungen (geringer Anstieg der Herzfrequenz, Senkung des Haut-
widerstandes etc.) hervorrufen, angesehen werden, aber auch
Schmerzempfindungen, eventuell durch abdominelle Beschwerden
bedingt, sowie Muskelverspannungen und Störungen des Bewegungsapparates (OBERHUMMER et al., 1979).

Als äußere Stimuli sind besonders Streßsituationen wirksam,
die z.B. berufliche Anspannung (Konkurrenzsituationen, Termin-
knappheit), familiäre Konflikte, häufig aber auch Informationen
aus den Massenmedien über Herzerkrankungen sowie Berichte aus
der Umgebung des Patienten, die kardiale Beschwerden zum Inhalt haben (RICHTER, BECKMANN, 1973). OBERHUMMER et al. betonen, daß auch kognitive Prozesse für die Aufrechterhaltung
einer Symptomatik eine Rolle spielen. "Es kann vermutet werden, daß bei Patienten mit Herzangstsyndrom eine kognitive
Konditionierung lerngeschichtlich eine Rolle spielt. Die Beschwerden selbst wirken als Stimuli, die immer wieder den
gleichen kognitiven Prozeß der Interpretation auslösen. Interpretation, nämlich die Zuordnung der Beschwerden zum Herzen
löst neuerlich angstbedingte Sensationen wie Herzfrequenz-
steigerung, Muskelanspannungen und damit Schmerzen aus. Diese
unterliegen wiederum dem gleichen Interpretationsschema, be-
dingen Angst, die ihrerseits neuerlich zu Anspannung der
Rückenmuskulatur führt, wodurch das Schmerzausmaß zunimmt,
bis sich schließlich die Angst panikartig steigert" (OBER-

HUMMER et al., 1979).

BIRBAUMER (1977) meint, daß die panischen Ängste der Patienten durch die bewußte Wahrnehmung von Veränderungen des normalen Herzrhythmus (zumeist Beschleunigung) ausgelöst werden. Diese Rhythmusänderung wird nun als diskriminierender Reiz für Gefahr (z.B. Herzinfarkt) aufgefaßt und löst durch die dadurch entstehende Angst eine weitere Beschleunigung der Herzschlagfrequenz aus, was wieder als Gefahr interpretiert wird usw.

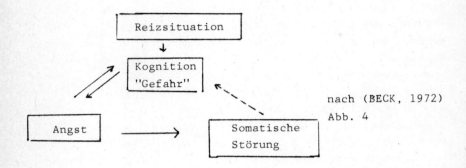

nach (BECK, 1972)
Abb. 4

Bei diesen Erklärungsmodellen wird die Bedeutung der kognitiven Prozesse deutlich. Die traditionelle Lerntheorie schenkte diesen bislang wenig Beachtung. Erst Ende der sechziger Jahre erkannten die Lerntheoretiker, daß die Kognitionen (Gedanken, Vorstellungen....) der Patienten eine zentrale Rolle in ihrem Erleben und Verhalten einnimmt.

3. Kognitive Therapien

Die klassische Verhaltenstherapie, welche sich als reine
Konditionierungsmethode verstand, beachtete die "Kognition"
der Klienten nicht. Darin entsprach sie der Psychologie
ihrer Zeit. WIMMER und PENNER (1979) bezeichnen mit "Kognition" alle Vorgänge, welche die Information transfor-
mieren, reduzieren, ausarbeiten, abspeichern, abrufen,
weiterverwenden und dgl. mehr. Psychische Aktivitäten wie
wahrnehmen, vorstellen, errinnern, denken, Problem lösen
und handeln werden als mögliche Schritte im Vorgang der Informationsverarbeitung aufgefaßt.

Seit den sechziger Jahren ist es zu einer Änderung innerhalb der psychologischen Grundlagenforschung gekommen und
sie entdeckte, daß das menschliche Verhalten in vielen Be-
reichen keine direkte Funktion der Umweltreize darstellt.
Die Bedeutung kognitiver Prozesse auf menschliches Verhalten
wird von den Verhaltenstherapeuten zunehmend beachtet
(REINECKER, 1978). Dies führte zu einer "kognitiven Wende",
derzufolge auch Gedanken, Bewertungen, Attribuierungen als
Bestandteil der Verhaltenstherapie anerkannt werden. (MILLER,
GALANTER und PRIBRAM 1960, MAHONEY 1974). STRIAN (1983) betont, daß die Verhaltenstherapie bereits früher kognitive
Faktoren berücksichtigte (z.B.: SKINNER 1969, KANFER und
PHILIPPS 1975). Zum Beispiel meint er, stellt die systematische Desensibilisierung ein "kognitives" Verfahren dar,
da ihre Anwendung auf Vorstellungen beruht. Der Unterschied
zur modernen kognitiven Psychologie besteht jedoch darin,
daß dieser Faktor, in der Therapie nicht explizit erklärt
und genutzt wurde. (STRIAN, 1984, S. 402). Das Grundkonzept
der kognitiven Psychologen sieht folgendermaßen aus:
(Siehe nächste Seite).

62

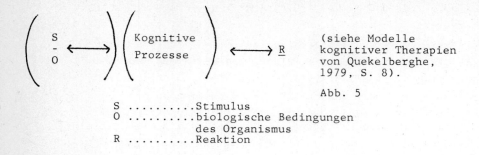

$$\left(\begin{array}{c} S \\ - \\ O \end{array}\right) \longleftrightarrow \left(\begin{array}{c} \text{Kognitive} \\ \text{Prozesse} \end{array}\right) \longleftrightarrow \underline{R} \qquad$$

(siehe Modelle
kognitiver Therapien
von Quekelberghe,
1979, S. 8).

Abb. 5

S ....Stimulus
O ....biologische Bedingungen
          des Organismus
R ....Reaktion

Dies besagt, daß ein Außenstimulus, durch Wahrnehmungs- und
Erkenntnisvorgänge ersetzt werden kann und eine Reaktion auslösen kann. Umgekehrt können auch Reaktionen kognitive Prozesse in Gang setzen. Das Stimulus Reiz-Paradigma und die
damit verbundenen Konditionierungsmodelle werden als unak-
zeptable Vereinfachung gewertet (QUECKELBERGHE 1979, S. 4).
STRIAN (1983) geht davon aus, daß den kognitiven Therapien
die Annahme zugrundegelegt wird, daß problematischen Verhaltensweisen, problematische Gedanken zugrunde liegen. Die
Technik die sich daraus ergibt, versucht diese Gedanken
direkt herauszugreifen und zu verändern. Mit "kognitiver
Umstrukturierung" werden die Ansätze bezeichnet, welche
"irrationale Ideen" oder "falsches Denken" zu ändern versuchen. Die 4 bedeutensten kognitiven Verhaltenstherapien
sind die Rational-emotive Therapie nach Albert ELLIS (1962),
die kognitive Therapie nach BECK (1976) und die multimodale
Verhaltenstherapie nach Arnold LAZARUS (1971) sowie das
Selbstinstruktionstraining nach MEICHENBAUM (1979). Bei
allen vier Formen geht es in der Therapie um die Modifikation
zentraler Auffassungs- und Interpretationsstrategien beim
Patienten (SCHORR, 1984). SCHORR faßt die Grundidee der
kognitiven Therapien wie folgt zusammen:
"In der kognitiven Therapie werden Denkfehler bzw. "Schemata"
wie das der "selektiven Abstraktion" oder der "Übergeneralisierung" unter Anleitung des Therapeuten aufgedeckt, in ihrem
Einfluß auf die Erlebnis- und Verhaltensweisen des Patienten
analysiert und durch angemessenere Denkmuster ersetzt"

(SCHORR, 1984, S. 269). Als typische Denkfehler werden z.B.
das Denken in "Schwarz-weiß Kategorien", das auch als dicho-
tomisierte Logik bezeichnet wird (LAZARUS, 1971, "Behavior
Therapy and Beyond") oder die "Übergeneralisierung" bezeichnet. Unter Übergeneralisierung versteht BECK (1976),
die Tendenz aus Einzelereignissen eine Vielzahl von weit-
reichenden Schlüssen zu ziehen, die den Patienten dann oft
an der eigentlichen Ursachenzuschreibung für dieses einzelne
Ereignis hindern und damit auch an der Veränderung des Aus-
lösefaktors.

3.1. Die kognitive Therapie nach A.T. BECK (1976)

Zu BECK´s Prinzipien gehört die Bewußtmachung automatischer
Gedanken und Vorstellungen, der Distanzierung und Dezent-
rierung, der Änderung von Verhaltens- und Denkregeln. Seine
handlungsorientierten Techniken stellte BECK am Beispiel
der Depressionstherapie dar und schlägt folgenden Aufbau vor:

- Identifizierung der Verbindung zwischen depressiven Kog-
  nitionen und Traurigkeitsgefühlen,
- Analyse der depressiven Kognitionen,
- Identifizierung und Analyse der Denkformen wie Übergene-
  ralisierung, willkürliche Schlußfolgerungen, dichotomes
  Denken ect.
- gezielte Modifikation der depressiven Kognitionen oder
  Denkformen (aus: Modelle kognitiver Therapien, QUECKEL-
  BERGHE, 1979, S. 25).

3.2. Die rational- emotive Therapie nach A. Ellis (1962)

In ELLIS rational-emotiver Therapie, versucht er die zentralen irrationalen Wertsysteme zu erkennen, die sich im
Patienten aufdrängen und ihn völlig unnötig aufregen. Er

geht davon aus, daß es keine logischen, legitimen Gründe
gibt, sich entsetzlich aufzuregen, hysterisch zu werden
oder überschießend emotional zu reagieren. Er zeigt den
Patienten vielmehr, wie Probleme Symptome verursachen und
wie die Hilflosigkeit diesen Problemen gegenüber durch magische Hypothesen, die der Patient selbst erstellt, aufrechterhalten bleibt. Diese Hilflosigkeit versetzt den Patienten in starke Gefühlsregungen wie Trauer, Depression,
Wut und Minderwertigkeit. ELLIS ersetzt die Vorstellungen
der Patienten, die sie über die Welt und sich selbst haben,
durch wissenschaftlich überprüfbare Hypothesen (ELLIS, A;
1974).

3.3. Das Selbstinstruktionstraining nach D. MEICHENBAUM (1979)

Dem Selbstinstruktionstraining (SIT) von MEICHENBAUM liegen
folgende zentrale Annahmen zu Grunde:

- Handlungen werden durch verdeckte, verbale "Kommentare"
  vorbereitet, begleitet und nachträglich bewertet;
- fehlende oder inadäquate "Kommentare" können erheblich
  zur Entstehung und Stabilisierung von Verhaltensstörungen
  beitragen:
- wohlstrukturierte und situationsadäquate "Kommentare" können
  psychische Störungen abbauen bzw. das erwünschte Verhalten
  aufbauen helfen:
- durch Modellierung und wiederholte Übung positiver Selbst-
  instruktionen können die inadäquaten "Kommentare" abgebaut bzw. sinnvolle Verbalisierungen eingeleitet und ge-
  fördert werden (QUECKELBERGHE, 1979, S. 27).

THORPE (1973, 1975), THORPE et al. (1976), GOLDFRIED et al.
(1975) haben wesentlich zum Ausbau und zur experimentellen
Anwendung des SIT beigetragen.

3.4. Kritische Bemerkungen zur Kognitiven Therapie

QUECKELBERGHE (1979) meint kritisch, daß es keine einheitliche "kognitive Therapie" in die man systematisch einführen
könnte, gibt. Er sieht in den bisher entwickelten kognitiven
Therapieformen nur Ansätze, Entwürfe, Fragmente und Versuche
einer Verbesserung der Symptomanalyse und ihrer Ursachenzuschreibung. LEDWIGE (1978) stellte die berechtigte Frage,
was kognitive Therapeuten in der Behandlung konkret tun.
MAHONEY und ARNKOFF (1978) sehen einen Mangel an formalen
theoretischen Modellen, der wohl der fundamentalste De-
fizit kognitivlernpsychologischer Therapien ist. In bezug
auf die Frage der Behandlungseffektivität wurden Zweifel
laut, denen aber das Abwarten auf weitere Forschungsergebnisse entgegengehalten werden kann (LEDWIGE 1978, MAHONEY
und KAZDIN 1979).

Diese Arbeit versteht sich als Beitrag zur Überprüfung der
Effektivität einer kognitiven Therapieform, nämlich der
Attributionstherapie. Die Techniken der "kognitiven Umstrukturierung" basieren letztlich auf Erkenntnisse und
Annahme der Attributionsforschung. Autoren wie KOPEL und
ARKOWITZ (1975) oder LIEBHART (1978) haben wichtige Beiträge zur Attributionsforschung bezüglich der Verhaltensmodifikation geliefert. DAVISON et al. (1973) und WEIN
et al. (1975) erbrachten experimentelle Untersuchungser-
gebnisse, wo sie Verfahren der "kausalen Attribution" an-
wandten.
Um die theoretischen Überlegungen der Attributionstherapie
besser zu verstehen, werden zunächst die kognitiv-lern-
psychologischen Paradigmen und ihre Bedeutung dargestellt
um im Anschluß daran die Entwicklung der Attributionstheorien
zu beschreiben.

3.4. Die kognitiv-psychologischen Paradigmen

Das Grundkonzept der kognitiven Psychologie (nach QUEKEL-
BERGHE, 1979) besagt, daß Außenstimuli nicht unbedingt notwendig sind um Reaktionen hervorzurufen. Wahrnehmungs- und
Erkenntnisvorgänge werden als entscheidene Wirkfaktoren für
die Reaktionen angesehen. Im folgenden werden nun drei kog-
nitiv-psychologische Paradigmen unterschieden und näher
analysiert.

1. Das Paradigma A "Informationsverarbeitung".
2. Das Paradigma B "Erkennen des Subjekts".
3. Das Paradigma C "Handlungseinheit.

Das Paradigma A konzipiert den Menschen als ein informations-
verarbeitendes System. Dementsprechend werden Denkmodelle und
Terminologie von Informationswissenschaften weitgehend unverändert übernommen (KLIX, 1976).

Im Paradigma B werden die informationsverarbeitenden Prozesse
alsErkenntnisvorgänge aufgefaßt. Durch die systematische Einführung der Dimension "Subjekt-Objekt" werden die psychischen
Phänomene nicht mehr alleine als Informationsdaten, sondern
als erkennbare Produkte eines erkennenden Subjektes begriffen.
Die Einführung dieser Erkenntnisdimension impliziert eine
Reihe von Annahmen und Aussagen über Intensionalität ("Um-
weltgerichtetheit") und Codierungssymbolik, über Formen und
Prozesse des Begreifens und Bemerkens (GWEBEN und SCHEELER,
1977).

Das Paradigma C baut auf den beiden eben genannten Paradigmen
auf. Im Gegensatz zu den behavioristischen Theorien des Verhaltens werden nicht subjektlose Einzelreaktionen, sondern
zielgerichtete Handlungsabläufe als Grundeinheiten mensch-

lichen Verhaltens betrachtet. Charakteristisch für Annahmen
oder Aussagen sind hierfür z.B.:

- Jede Handlung bewegt sich in Richtung auf selbstgesetzte,
  antizipierbare Ziele,
- der Handelnde gibt seinen Handlungen bestimmte Bedeutungen
  oder Wertungen,
- jede Handlung hat einen zeitlichen, strukturierten Ablauf,
- an jeder Handlung sind zahlreiche Operationen beteiligt,
  die sich in mehrere Regulationsebenen einteilen lassen,
  z.B. die Normierungs-, die Einschätzungs- und die senso-
  motorische Ebene.

Die Einführung und Charakterisierung der 3 Paradigmen grenzen
die kognitive Pychologie von der traditionellen Verhaltenstherapie ab (QUEKELBERGHE,1979,S.7). Die für die kognitiven Therapien relevanten Forschungsbereiche sind: Attributionstheorien,
kognitive Lern-, Motivations- und Emotionstheorien, kognitive
Persönlichkeits- und Handlungstheorien. Da für diese Studie vor
allem die Attributionstheorien von Bedeutung sind, werden ihre
Grundannahmen wie folgt kurz dargestellt:

3.5. Die Attributionstheorien

Den Anstoß zu dieser Forschungsrichtung hat Fritz HEIDER's Werk (1958) "The psychology of interpersonal relations" gegeben. Darin stellt er grundlegende Überlegungen an, wie es dem Individuum gelingt, sich im Leben zu orientieren, nach welchen Regeln es vorgeht, um Ordnung in die beobachtbare und primär unverständliche Umwelt zu bringen. HEIDER (1958, Seite 81) meint, "das Individuum hat das Bedürfnis, das Beobachtbare auf die Invarianzen seiner Umgebung zurückzuführen". Indem der Mensch versucht, die unkontrollierbare Anhäufung von Ereignissen oder Verhaltensweisen Ursachen zuzuschreiben, bringen Ordnung in die Vielfalt von Wahrnehmungen, denen er ständig ausgesetzt ist.

Er unterscheidet zwischen Personen- und Situationsattributionen. Auf der Personenseite sind es Fähigkeit und Bemühen, wobei Bemühen bei HEIDER das Produkt von Anstrengung und Intention darstellt. Die beiden letzteren sind multiplikativ miteinander verbunden, da keines von beiden alleine ausreicht, damit es überhaupt zu einer Handlung kommt. Auf der Umweltseite sind es Schwierigkeit (die zu überwinden ist auf dem Weg zum Ziel) und Zufall (Glück oder Pech). Er unterscheidet weiters interne und externe Kausalattributionen.

Die Strukturierung der wahrgenommenen Ursachen wurde von WEINER et al. (1972) aufgegriffen und weiterentwickelt. WEINER beschäftigte sich mit Attributionen bei Leistungsergebnissen (Erfolg, Mißerfolg). Er untersuchte die Stimulusbedingungen, die zu unterschiedlichen wahrgenommenen Ursachen führen, die Auswirkungen von Ursachen auf Erwartungen und Bewertungen, auf das Leistungsverhalten und Zusammenhänge zwischen Attribution und Leistungsmotivation.

WEINER, FRIEZE et al. (1972) entwarfen ein Klassifikations-
schema der wahrgenommenen Ursachen für Leistungsergebnisse:

Kontrolldimension

Ort der Kontrolle

		intern	extern
Stabilitäts-	stabil	Fähigkeit	Schwierigkeit
dimension	variabel	Anstrengung	Zufall

Die zwei Attributionsdimensionen
nach WEINER (HERKNER 1980).

Abb. 6

Ein Leistungsergebnis ist durch Begabung und Anstrengung -
der internen Determinante des Verhaltens - und durch äußere
Ereignisse, wie dem allgemeinen Schwierigkeitsgrad der Aufgabe und dem Zufall der externen Determinante des Verhaltens,
beeinflußt. Die Kontrolldimension differenziert die Attributionen nach dem wahrgenommenen Ort der Kontrolle, die Sta-
bilitätsdimension unterscheidet, inwieweit die Ursachen
über die Zeit als relativ stabil oder variabel wahrgenommen
werden.
Fähigkeiten, Begabung und Intelligenz werden von den meisten
Personen als konstant angesehen. Ebenso bleibt die Schwierigkeit eines Problems über die Zeit gleich. Anstrengung und Zufall (Glück-Pech) werden als variabel angenommen.

Dieses theoretisch wichtige und fruchtbare Schema wurde von
ELIG und FRIEZE (1975) in Experimenten überprüft. Die Ver-
suchspersonen sollten Ursachen von Erfolgen und Mißerfolgen
nennen und erhielten dazu keine weiteren Zusatzinformationen.

Die Attributionen ließen sich in neun Kategorien nach der
Häufigkeit der Nennung einteilen: Fähigkeit, Anstrengung,
Aufgabenschwierigkeit, Zufall, Verhaltensweisen oder die
Persönlichkeit anderer Individuen, Stimmungen, Anstrengung
als stabiler Faktor (Fleiß im Sinne eines Persönlichkeits-
merkmals), Müdigkeit und eine Restkategorie verschiedener
Ursachen. Da die vier Kategorien des Schemas die vorherr-
schenden Erklärungsmöglichkeiten bei Leistungsergebnissen
sind, scheint es berechtigt, sich auf diese bei Untersuchungen im Leistungskontext zu konzentrieren. Eine Erwei-
terung dieses Schemas wird von WEINER, RUSSEL und LERMAN (1978)
und WEINER (1979) vorgeschlagen. Es soll eine 3. Kausaldi-
mension - "Intentionalität" integriert werden. Einige Ursachen werden als intentional wahrgenommen (z.B. Anstrengung),
andere als nicht intentional, als unkontrollierbar (z.B.
Schwierigkeitsgrad einer Aufgabe). Diese Dimension wurde
im Rahmen des Modells von WEINER noch nicht eingehender erforscht, scheint sich aber im Bereich des sozialen Verhaltens als nützlich zu erweisen.

Erweitertes Modell

Stimulus- Bedingungen:	kausale Wahrnehmung:	Kausal- dimension:	Verhaltens- determinanten:	Ver- halten:

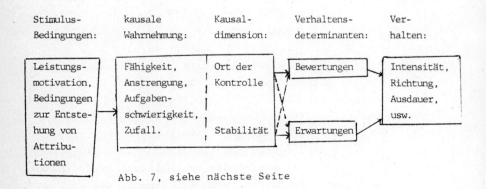

Abb. 7, siehe nächste Seite

Attributionstheoretisches Modell leistungsmotivierten Verhaltens nach WEINER et al. (1972), (in: FREY, HERKNER, 1980).
WEINER et al. (1972) postuliert, daß die allgemeine Fähigkeit als Leistungsursache gefolgert wird aus der Anzahl, dem
Prozentsatz und dem Muster von Erfolgserfahrungen bei früheren
Leistungsaufgaben, wobei der wahrgenommene Schwierigkeitsgrad
der Aufgabe berücksichtigt wird. Hohe Begabung wird abgeleitet von oftmaligen Erfolgen, von Erfolgen, die am Beginn
einer Tätigkeit auftreten und von Leistungsgipfeln, (siehe
dazu die Experimente von JONES, ROCK, SHAVER, GOETHALS und
WARD 1968; BECKMANN, 1970; KUKLA, 1970; WEINER und KUKLA,
1970; ROSENBAUM (1972), unveröffentliches Manuskript).

Da das propriozeptive Feedback und die Introspektion nicht
genügen, um den Anteil der Anstrengung abzuschätzen, folgert
man bei positiven Ergebnissen eher, daß man sich angestrengt
hat, bei negativen Ergebnissen schließt man auf das Fehlen
von Anstrengung, auch dann, wenn das Ergebnis tatsächlich
vom Zufall abhängig ist (KUKLA 1970; WEINER und KUKLA 1970).
Personen, die erst am Ende einer Tätigkeit Erfolge haben,
schließen daraus, daß sie sich angestrengt haben (JONES et
al., 1968). Außerdem sind auch Muskelanspannung, Schwitzen,
das Fortdauern des Verhaltens, ein hoher Anreiz von Verhaltenskonsequenzen und die wahrgenommene Aufgabenschwierigkeit
Anzeichen, die zu einer Anstrengungsattribution führen. Die
wahrgenommene Aufgabenschwierigkeit ist abhängig von der
Konsensusinformation. Eine Aufgabe wird als leicht angesehen,
wenn viele andere auch dabei Erfolg haben, schwer, wenn
kaum jemand Erfolg hat. Erfolg wird intern attribuiert, wenn
jemand Erfolg hat, während andere Personen der Bezugsgruppe
versagen; der Mißerfolg wird intern attribuiert, wenn jemand
durchaus Mißerfolg hat, während die anderen erfolgreich sind.
Erfolg oder Mißerfolg werden auf die Leichtigkeit bzw. Schwierigkeit der Aufgabe attribuiert, wenn man genauso wie die an-

deren Erfolg oder Mißerfolg hat (WEINER und KUKLA, 1970).
Weit weniger beeinflussen objektive Informationen über die
Länge, die Komplexität und die Neuheit die Schwierigkeits-
attribution.
Das Muster der Abfolge von Erfolg und Mißerfolg ist der wich-
tigste Hinweis für die Zufallsattribution. Die Unabhängigkeit
und Einmaligkeit von Ergebnissen, außerdem auch die objektive
Auftrittswahrscheinlichkeit von Ereignissen weisen auf den
Zufall als kausale Determinante hin.

Die Experimente von FRIEZE und WEINER (1971) beschäftigen
sich ausführlich mit den Bedingungen zur Entstehung von
Attributionen. Informationen über die Abfolge von Leistungsergebnissen sind wichtige Hinweise auf die Attribution. Bleiben die Leistungsergebnisse über längere Zeit gleich, wird
stabil attribuiert, ändern sie sich, wird variabel attribuiert.
Attributionen auf der Kontrolldimension sind abhängig von den
Ergebnissen der Bezugsgruppe. Variabel wird auch dann eher
attribuiert, wenn die Differenzen zwischen einem erwarteten
und einem tatsächlichen Ereignis größer werden (VALLE und
FRIEZE, 1976). Von FRIEZE und WEINER (1971) konnten auch die
Hypothesen von KELLEY über Distinktheits-, Konsensus- und
Konsistenzinformationen weitgehend bestätigt werden (siehe:
Das Kovarianzmodell von KELLEY in DEBLER, 1984). Das Infor-
mationskonzept, wie KELLEY es aufstellt, ermöglicht es den
Menschen, im Bestreben die ursächliche Struktur seiner Umwelt zu erfassen und der Vielfalt der ihn unmittelbar umge-
benden Reize einen Sinn zu geben, ein reales Bild von der
Welt zu bekommen. Das solche Informationsverarbeitungspro-
zesse nicht frei von "biases, errors and illusions" sind,
wie KELLEY (1971) ausdrücklich feststellt, ist naheliegend.
Dabei gibt es Verzerrungen und Irrtümer, die im Individuum
selbst begründet liegen. Aber auch allgemeine Tendenzen, in

gewissen Situationen ein Ereignis verzerrt und nicht der
Realität entsprechend wahrzunehmen und zu interpretieren,
sind festzustellen. KELLEY's Theorie ist sowohl im Bereich
der Personenwahrnehmung und Selbstwahrnehmung als auch auf
Verhaltenskonsequenzen anwendbar.

Abschließend wäre noch auf ROTTER's soziale Lerntheorie
hinzuweisen (1954). Er sagt, daß das Verhalten eines Menschen nicht direkt von den Verhaltenskonsequenzen (Bekräf-
tigung und Strafreizen) beeinflußt wird, sondern, daß kognitive Prozesse eine vermittelnde Rolle spielen. Erwartungen
und Bewertungen von Verhaltenskonsequenzen sind vermittelnde
Kognitionen. Wie stark das Folgeereignis durch das eigene
Handeln beeinflußt werden kann, ist Inhalt der Erwartungen.
ROTTER nimmt an, daß Erwartungen bezüglich der Kontrollier-
barkeit von Bekräftigungsereignissen generalisieren und
in allen Lebenssituationen wirksam werden. Sie beinhalten
Meinungen (Kausalinterpretationen) darüber, ob ein Ereignis
seine Ursachen in der handelnden Person (z.B. Fähigkeiten)
hat, oder von äußeren Faktoren (z.B. Zufall) abhängt.
(ROTTER's soziale Lerntheorie in HERKNER 1980).

3.5.1. Die Attributionsfehler

Attributionsfehler sind unzutreffende Ursachenzuschreibungen.
Man unterscheidet generell zwischen Fehlern, die auf unzureichender Informationsverarbeitung basieren und motivierten
Fehlern. Bei diesen werden die Attributionen durch Wünsche,
durch das Bedürfnis, sich vor unangenehmen Affektzuständen
zu schützen, verzerrt.

Zu Attributionsfehlern, die auf unzureichender Informationsverarbeitung beruhen, können das Abschwächungsprinzip und die
kausalen Schemata (KELLEY, 1972) führen. Wenn unvollständige,
mehrdeutige Kausalanalysen gemacht werden und auf Muster gelernter Ursachenzuschreibung zurückgegriffen wird, ist es
klar, daß es zu Ursachenzuschreibungen kommen kann, die nicht
mit den tatsächlichen kausalen Zusammenhängen übereinstimmen.

Die Gründe für Attributionsfehler können in unzureichender
Information liegen, im Unvermögen vorhandene Information zu
verarbeiten, in einer unangemessenen Gewichtung von Einzel-
informationen, in falsch gelernten kausalen Schemata etc.
Von diesem Standpunkt kann man auch die Attributionsmuster
von Mißerfolgsmotivierten und das Phänomen der "gelernten
Hilflosigkeit" als Attributionsfehler betrachten.

Die Erfahrung des fehlenden Zusammenhangs von Anstrengung und
Leistungsresultat wird generalisiert, keine neuen Informationen gesammelt und vorhandene Fakten werden nicht verarbeitet.
Die Ursachen, die zu Attributionsfehlern führen, erinnern zum
Teil an eine Kategorie der Wahrnehmungsverzerrung die BECK
(1967) bei Selbstverbalisationen depressiver Personen unterscheidet.

Zur Untersuchung motivierter Attributionsfehler haben eine

große Zahl von Experimenten beigetragen (z.B. BECKMANN, 1970; WEINER, 1971).

Die vielfältigen Implikationen der Attributionsforschung für die klinische Psychologie sind noch wenig systematisch erforscht worden (QUECKELBERGHE, 1979).

3.5.2. Die Bedeutung der Attribution und der Fehlattribution
in der Therapie des Herzangstsyndroms

Die Attributionstheorien setzen voraus, daß der Mensch ein
rationales Wesen ist (HERKNER, 1980). MEICHENBAUM (1979)
zitiert EPICTETUS, der meinte: "Der Mensch wird nicht durch
die Dinge selbst verwirrt, sondern dadurch wie er sie sieht."
Auch Alfred ADLER betont, daß es ganz offensichtlich ist,
daß wir nicht durch "Tatsachen" beeinflußt werden, sondern
durch unsere Interpretation der Tatsachen. MEICHENBAUM (1979)
zieht folglich den Schluß, daß psychische Krankheiten grundsätzlich eine Störung des Denkens sind. Er führt ein Beispiel
an, wo eine Frau, die Angst hatte, allein spazieren zu gehen,
entdeckte, daß ihre Angstanfälle bei bildlichen Vorstellungen
auftraten, in denen sie unter Herzattacken litt und sich allein
gelassen fühlte (MEICHENBAUM, 1979, S. 187). Analog dazu dürften ähnliche Kognitionen bei Herzangstpatienten ein Rolle spielen. GATTERER (1981) konnte beobachten, daß neben Konditio-
nierungsprozessen auch Attributionsprozesse wesentliche Bedingungsfaktoren für die Entstehung und Aufrechterhaltung
der Herzangstbeschwerden darstellen. Dem Betroffenen gelingt es
nicht, seine körperlichen Signale richtig "zu ordnen". HEIDER
(1958) betont, daß es dem Menschen ein Grundbedürfnis ist,
Ordnung in die Vielfalt der Wahrnehmungen, denen er ständig
ausgesetzt ist, zu bringen.

Die zentrale theoretische Frage der Attributionsforschung
betrifft das Zustandekommen und die Auswirkung bestimmter
Attributionen für Ereignisse und Verhaltensweisen (HERKNER,
1980, S. 13). Unter Attributionen versteht HEIDER (1958),
auf welche Ursache man ein beobachtetes Ereignis oder Verhalten zurückführt. Gerade diese Ursachenzuschreibung, so
HEIDER, bestimmt weitgehend die Reaktion auf dieses Ereignis.

Die Untersuchungsobjekte der Attributionsforschung sind jedoch nicht wissenschaftliche Aussagen über Kausalbeziehungen,
sondern laienhafte Kausalwahrnehmungen, wie sie im täglichen
sozialen Leben außerordentlich häufig vorkommen (HERKNER,
1980). In diesem Zusammenhang drängt sich die Frage auf, warum Herzangstpatienten ihre Beschwerden (wie Tachykardie,
Schwindel, neuralgieforme Beschwerden.....) dem Herzen zuordnen? Warum interpretieren die einen physiologische Er-
regungsprozesse bei denen eine Aktivierung mit den typischen
Begleitsymptomen (Pulsbeschleunigung, Schwitzen.....) auftritt, diese "als Signal für einen drohenden Herzinfarkt"
und die anderen nicht?

SCHACHTER (1964) meint, daß die Qualität der erlebten Gefühle, für deren Erleben eine physiologische Aktivierung Voraussetzung ist, von den vorhandenen Umgebungsreizen und deren
Verarbeitung abhängen. Der Herzanfall eines Freundes oder
der Tod eines nahen Verwandten und die Verarbeitung dieses
Ereignisses könnte einen Einfluß auf die Auslösung eines
Herzangstsyndroms haben (RICHTER und BECKMANN, 1969). Nicht
immer läßt sich in der Anamnese ein solches Ereignis her-
ausexplorieren, bzw. sind dem Patienten die Zusammenhänge
nicht bewußt und das auslösende Ereignis ist in Vergessenheit
geraten. Unabhängig davon ist es nun interessant, wann man
bei einer physiologischen Erregung "Angst" oder "Freude"
erlebt. SCHACHTER beschäftigt sich in seiner Gefühlstheorie
mit der Wechselwirkung zwischen physiologischen Mechanismen
und gelernten sozialen Faktoren. Er betont, daß nicht die
tatsächliche Existenz einer solchen Wechselwirkung entscheidend ist, sondern vielmehr die Wahrnehmung oder Annahme
einer solchen durch das Individuum. Die Kontiguität zwischen
physiologischer Aktivierung und gefühlrelevanten kognitiven
Hinweisreizen reichen aus, um ein Gefühlereignis hervorzu-

rufen, sogar dann, wenn beide voneinander unabhängig sind
(SCHACHTER & SINGER, 1962; SCHACHTER & WHEELER, 1962).

ROSS u. Mitarbeiter (1980) ist es gelungen an Hand eines
Experimentes, aufzuzeigen, daß durch Attributionsmanipula-
tion das Angstniveau (geringe bis starke Angst) beeinflußt
werden kann. Sie gingen von folgenden grundlegenden Annahmen, die direkt von SCHACHTER´s Gefühlstheorie abgeleitet
wurden, aus: "Jeder physiologische Zustand, der von einer
Person kausal einer gefühlrelevanten kognitiven Ursache zugeschrieben wird, wird als Gefühl erlebt und in Übereinstimmung mit dieser kognitiven Ursache "benannt". Jeder
physiologische Zustand, der kausal einer gefühlsirrelevanten kognitiven Ursache zugeschrieben wird, wird nicht
als Gefühl wahrgenommen (HERKNER, 1980; S. 298).
Bei Herzangstpatienten besagt diese Annahme, daß die Betroffenen ihren physiologischen Erregungszustand kausal einer
gefühlsrelevanten kognitiven Ursache ("krankes Herz" zu-
schreiben, was als Gefühl ("Angst", "Todesangst", "Panik"
....) erlebt wird und in Übereinstimmung mit der kognitiven
Ursache "benannt" wird ("drohender Herzinfarkt").

ROSS et al. bieten folgendes Modell, welches therapeutische
Relevanz in bezug auf Herzangstpatienten hat. Sie gehen wieder von SCHACHTER´s Gefühlstheorie aus und sagen, daß eine
nicht emotionale Attribution, welche die Beschwerden und die
Reaktion auf diese beeinflussen würde, dadurch erreicht wird,
daß man den Betroffenen anleitet seine wahrgenommenen physiologischen Erregungen mit kognitiv neutralen Ursachen zu asso-
ziieren.
Dies bezeichnen die Autoren als "Fehlattributionsmodell"
(HERKNER, 1980, S. 312): " Aus der gesamten Reizsituation,
in der die emotionale Reaktion auftritt, sollen alternative
vorhandene Ursachen abstrahiert werden, auf die das Individuum

seinen körperlichen Zustand zurückführen könnte. Dann würde
man versuchen, anstelle der ursprünglichen Komponente, die
die Ursache des Gefühls ist,eine neue Kausalverbindung zwischen den durch Angst hervorgerufenen physiologischen Symptomen und der Stimuluskomponente herzustellen, die nicht
gefühlsgeladen ist."
Die Autoren führen als Beispiel einen akrophobischen Patienten
an, dem die Meinung induziert wurde, daß seine speziellen
Symptome eine allgemeine physiologische Konsequenz der op-
tischen Effekte beim Anblick konvergierender vertikaler Li-
nien sind und dadurch einer gefühlmäßigen Wahrnehmung seiner
Reaktion auf Höhe befreit wurde.

Bei der Attributiontherapie der Herzangstpatienten (siehe
Therapiemodell) wird von dem eben dargestellten Fehlattributionsmodell ausgegangen. Den Patienten wurde an Hand der
eigenen Wirbelsäulenröntgen ihre Wirbelsäulenstörung und damit verbundenen Muskelverspannungen erklärt. OBERHUMMER et
al., (1979) konnte nachweisen, daß bei 28 von 31 Herzangstpatienten, im Rahmen einer Schmerzpalpation, d.h. einer
Untersuchung der Körperhälfte auf ihre Druckschmerzhaftigkeit, eine ausgeprägte Wirbelsäulenstörung mit intensiver
Empfindlichkeit im Bereich der Costotransversalgelenke, der
Sternocostalfugen, der Schultergelenke und auch suboccipital,
festzustellen war.

TILSCHER (1975) betont, daß die Druckschmerzhaftigkeit ein
Zeichen für eine vorgeschädigte Struktur ist.
Die folgende Tabelle weist auf den Zusammenhang zwischen ra-
dikulären Reizungen und verschiedener Sensationen hin, die
als kardial imponieren.
(Siehe nächste Seite)

Analyse der Herzfunktionsstörungen nach pathogenetischen Gesichtspunkten:

Induzierte Störungen (nach KUNERT, 1975).

Gruppe	Lokal-dispositionelle Momente (synergische Konditionierung) spinal-radikuläre ←→ viszerale Reizung, aber auch andere pathische Impulskomponenten: psychisch, neurotisch, hormonal, aus der Körperperipherie (z.B. abdominell, Roemheld-Galle, Kolon, Magen, Hiatushernie)	kardiale Symptome	Merkmale der Segment-gebundenen spinal-radikulären Reizerscheinungen	Reflexweg	Vorkommen (Lebensjahrzehnt)	besondere anamnestische oder therapeutische Hinweise
1.	radikulär ←→ viszerale Reizung oder andere Komponenten: (s.o.) ⎱ primär gesundes Herz	keine Herzsensationen klinisch o.B. EKG o.B.	Arm-Schulter-Schmerz meist links, auch rechts Motilität und sensible (Reflex-)Störungen		3.—4.	
2.	spinal-radikulär-→ viszerale Reizung oder andere Komponenten (s.o.) ⎱ pathisch-erregbares ⎰ Herz muskulär metabolisch hämodynamisch ⎰ gesundes	pseudoanginöses Reizsyndrom, vegetative Implikation „am Herzen, um das Herz" DaCosta-Syndrom EKG klinisch { Reizbildungs-, Reizleitungs-, Kammerendteil } Störungen paroxysmale Tachykardie!	segmentale Spinalwurzelreiz-Symptome vegetative Begleitsymptome evtl. sog. „Quadranten-Syndrom"		3.—4. auch 4.—6. Menopause!	bunt, schillernd auslösend: bestimmte Haltungen, Bewegungen Nitroglyzerin ohne Erfolg; Analgetika, Sedativa, Glisson-Zug

Abb. 8

Mit diesem Erklärungsmodell wurde den Patienten eine realisti-
sche Alternativursache angeboten, die die Intensität der Emotionalität verringert. Somit können die physiologische Aktivität und die Beschwerden einer gefühlsirrelevanten Ursache zugeschrieben und damit die Kontrolle der Angst hergestellt werden, da Wirbelsäulenstörungen und Verspannungen als nicht so
bedrohend erlebt werden wie ein Herzinfarkt.

ROSS et. al. weisen auf die Grenzen dieser Technik hin. Sie meinen, daß es nicht immer möglich sei, eine realistsche Alternativursache innerhalb eines z.B.: phobischen Stimuluskomplexes zu
finden. Bzw. wäre es am Beispiel der Phobie möglich, daß die
Fehlattribution nur die Interpretation der Phobie ändert, während das Vermeidungsverhalten bestehen bleibt.

Abgesehen von der Kritik sehen die Autoren trotzdem Anwendungs-
möglichkeiten in der Psychotherapie und der Verhaltenstherapie
(ROSS et al. in HERKNER, 1980, S. 313).
Sie meinen ganz allgemein, daß man den Patienten veranlassen
sollte, über mögliche Ursachen seiner Emotionalität zu sprechen und nachzudenken, um dann durch Einführung geeigneter,
d.h. plausibler Alternativursachen die Intensität seiner
emotionalen Erlebnisse zu verringern.
Es ist therapeutisch anstrebenswert, mögliche Ursachen zu
finden, die der Patient kontrollieren kann. Dadurch fühlt
sich der Betroffene seinen Beschwerden nicht mehr so hilflos ausgeliefert. Dies trifft beim Herzangstpatienten hinsichtlich der Wirbelsäulenstörungen und Verspannungen zu,
denn diese kann er aktiv durch Entspannungstraining und
physikalische Therapie beeinflussen.

Diese Demonstration der Kontrolle von Angst durch Attribu-
tionsmanipulation ist also nicht nur für die theoretische
Analyse der Gefühle von Bedeutung (ROSS et al. 1980), sie

stellt vielmehr einen entscheidenden therapeutischen Ansatz dar. Eine Anwendung bei anderen Störungen würde helfen, die Frage der Wirksamkeit dieses Modells etwas abzu-
runden.

Empirischer Teil

1. Das Therapiemodell

In der Genese spielen sowohl physiologische, als auch
kognitive und verhaltensmäßige Faktoren eine Rolle (OBER-
HUMMER et al. 1979). Diese drei Ebenen beeinflussen sich
gegenseitig, so daß eine psychische Störung nur dann ge-
bessert werden kann, wenn in der Therapie jede der drei
Komponenten berücksichtigt und modifiziert wird (LANG,
1971). (siehe 3.5.2)

Das an der verhaltenstherapeutischen Station der Wiener
Psychiatrischen Universitätsklinik entwickelte Therapiemodell stützt sich auf klassische Techniken der Verhaltenstherapie, wie die systematischen Desensibilisierung und das
operante Konditionieren, als auch auf erweiterte Verfahren,
die kognitive Umstrukturierung (Attributionstherapie). Die
somatische Ebene wird in diesem Modell durch die physikalische Therapie, wie die Heilmassage, Unterwassermassage
und manuelle Therapie beeinflußt.

LANG betont weiters, daß die drei Ebenen zwar einander beeinflussen, jedoch kovariieren diese selten zeitlich simul-
tan, sondern zeitverschoben. Die Therapie ist nur dann erfolgreich, wenn die vorliegende Diskordanz reduziert werden kann (LANG, 1971). Diese Annahmen werden von BORGKOVEC
(1974) und FLORIN und TUNNER (1975) bestätigt. In ihren Ar-
beiten über Therapie bei Angststörungen zeigte sich, daß
die subjektiv empfundene Angst schneller abgebaut wird als
die vegetativen Begleiterscheinungen wie z. B. eine Er-
höhung der Herzschlagfrequenz. Diese bewußten Wahrnehmungen
von Veränderungen des normalen Herzrhythmus wird als diskriminierender Reiz für Gefahr aufgefaßt (z. B. Herzinfarkt)

und lösen wieder subjektiv Angst aus, die ihrerseits eine
Beschleunigung der Herzschlagfrequenz bewirkt, welche
wiederum als Bedrohung interpretiert wird (BIRBAUMER,
1977). Dieses Beispiel bestätigt, daß nur dann eine
Besserung der Beschwerden bewirkt werden kann, wenn dieser
"kognitiv-autonome circulus vitiosus" (BIRBAUMER, 1977) in
der Therapie durchbrochen werden kann.

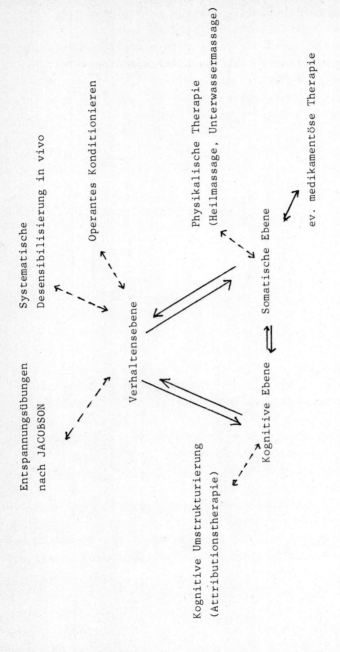

Therapiemodell zur Behandlung des Herzangstsyndroms   Abb. 9

2. Die einzelnen Therapieschritte

Die Untersuchung wurde in Zusammenarbeit mit der verhaltenstherapeutischen Station der Psychiatrischen Universitätsklinik durchgeführt (Leiter: Univ. Prof. Dr. H. G. ZAPO-
TOCZKY). Routinemäßig werden Patienten, bei denen ein Verdacht auf ein Herzangstsyndrom besteht, internistisch durch-
untersucht und sowohl ein Elektrokardiogramm als auch eine
Ergometrie durchgeführt. Findet sich kein objektivierbarer
pathologischer Befund, erfolgt eine psychiatrische Exploration, welche sich aus einem psychopathologischen Status,
einer Sozial- und Familienanamnese zusammensetzt. Konnte anhand der Exploration eine andere psychiatrische Primärer-
krankung oder eine andere organische Erkrankung ausgeschlossen
werden, und schildert der Patient seine Beschwerden, wie
MICHAELIS (1970) die typische Symptomatik beschreibt, dann
wurde die Diagnose "Herzangstsyndrom" gestellt (siehe Kapitel 4). Mit diesen Patienten wurden die einzelnen Therapieschritte besprochen und noch am selben Tag der Aufnahme mit
der Behandlung begonnen.

Dieses im Überblick dargestellte Therapiekonzept versteht
sich als ein aus der Praxis entwickeltes Modell und nicht
als standardisiertes Therapieprogramm (NUTZINGER, 1983).

a.) Anhand der vorliegenden internen Befunde wird den Patienten das Fehlen einer organischen Ursache mitgeteilt.
Gleichzeitig wird der Kranke darüber aufgeklärt, daß auch
andere Ursachen (z. B. psychische Störungen) für das Zustandekommen dieser Beschwerden verantwortlich sein können. Dieses
Gespräch kann oft zu ersten Widerständen von seiten des Patienten führen, da die Betroffenen zum Großteil vorher von
Internisten mit herzwirksamen Medikamenten vorbehandelt wur-

den. RICHTER und BECKMANN (1973) fassen das unter iatro-
genen Einfluß zusammen und zählen das Verhalten der behandelten unerfahrenen Ärzte zu einer Mitursache für die
Chronifizierung der Symptomatik. Im ersten Therapieschritt
geht es um die Motivation zu einer Therapieform, die vom
Patienten im Gegensatz zum "Pillenschlucken" einige Aktivität abverlangt.

b.) Rountinemäßig wird bei allen Herzangstpatienten eine
Röntgenuntersuchung der Halswirbel-, Brustwirbel- und Len-
denwirbelsäule gemacht, sowie eine Funktionsaufnahme nach
SANDBERG. Mit Hilfe physiotherapeutischer Maßnahmen (Neural-
therapie, Unterwassermassage) kann zunächst eine Besserung
der klagsam vorgebrachten Beschwerden erzielt werden
(NUTZINGER 1983). Dieser Vorgang ist deshalb so wichtig,
weil durch die Schmerzlinderung, einem Teil der Ängste,
die im Zentrum der Beschwerden stehen, die Grundlage ent-
zogen wird (LEWIT, 1977).

c.) Hat der Patient Vertrauen gefaßt und eine Bereitschaft
gezeigt, eine ihm bisher unbekannte Therapieform zu akzep-
tieren, wird er für das Entspannungstraining eingeteilt.
Dieses findet täglich in einer Gruppensitzung (ca. 15 Patienten) an der verhaltenstherapeutischen Station statt,
dauert etwa 20 Minuten und wird von einer ausgebildeten
Fachkraft geleitet (Physiotherapeutin). Beim Erlernen der
Technik der muskulären Entspannung wird besonderer Wert
darauf gelegt, daß der Patient lernt, die mit Angst asso-
ziierten Muskelzustände genauer wahrzunehmen, so daß diese
Empfindungen für ihn allmählich zum Hinweisreiz - zum Signal -
werden, wann er Entspannung gegen Angst - Unbehagen einzu-
setzen hat. Er lernt sozusagen sein eigenes Frühwarnsystem
durch das Erkennen von propriozeptiven Hinweisreizen, die

mit muskulärer Verspannung verbunden sind (NUTZINGER, 1983)
wahrzunehmen.

d.) Jedem Patienten wird ein verhaltenstherapeutisch ausge-
bildeter Psychotherapeut zugeteilt, der mit dem Kranken gemeinsam in Einzelsitzungen, in einer Frequenz von täglich
einer Stunde, die Beschwerden und die damit verwobenen Konflikte bespricht. Im Zentrum der aktuellen Problematik steht
eine phobische Verhaltensweise, die den Patienten am Ausüben
seiner täglichen Pflichten hindert. Das Therapieangebot besteht aus der "systematischen Desensibilisierung" (WOLPE,
1972) und dem "operanten Konditionieren" (MEYER, CHESSER,
1971). Die konkrete Vorgangsweise wurde im theoretischen
Teil beschrieben.

e.) Weiters werden die Patienten, auf Grund ihrer subde-
pressiven Symptomatik auf ein leichtes Antidepressivum ein-
gestellt, welches für diese Art von Beschwerden eine große
Effektivität gezeigt hat. Die Betroffenen erhalten in gleicher Dosierung zweimal täglich (früh, mittags) 25 mg Doxepin
(Sinequan) und einmal abends 50 mg p.o. Neben einer stimmungs-
aufhellenden Wirkung, ist dieses Thymoleptikum angstdämpfend
und spannungslösend und nicht antriebssteigernd.

f.) Den letzten und wahrscheinlich wichtigsten Therapieschritt, welcher vor allem die "Kognition" des Patienten
berücksichtigt, stellt ein "Erklärungsmodell" dar, welches
den Patienten auf mögliche Zusammenhänge zwischen den Or-
ganismusvariablen Wirbelsäule und muskuläre Verspannung
einerseits sowie Angst bzw. angstbesetzte Beschwerden andererseits aufklären soll. (NUTZINGER, 1983). Im Sinne von Ellis
rational - emotiver Therapie, sollen magische Kausalschlüsse,
die vom Patienten selbst erstellt wurden, durch rationalere

Argumente ersetzt werden. Die kognitive Therapie, welche
einmal pro Woche in Form eines 60 Minuten dauernden Ge-
spräches mit dem Therapeuten in Einzelsitzungen stattfindet,
wurde in Anlehnung an WEIN (1975) in zwei Phasen geteilt.
In der ersten Phase geht es darum, die Kausalkette, die
zwischen dem Angstverhalten des Patienten und dem angsterzeugenden Stimulus von ihm selbst hergestellt wurde, zu
erörtern und auf ihren Realitätscharakter hin zu überprüfen.
Es zeigte sich, daß die Patienten neuralgiforme Beschwerden
an der linken Thoraxhälfte fälschlicherweise dem Herzen
zuordneten. Den Patienten wurde der mögliche pathophysiologische Zusammenhang zwischen Herzangst und Wirbelsäulenveränderungen erklärt. In der zweiten Phase fand dann der
systematische Abbau der Annahmen mittels argumentativer und
relativer Auseinandersetzungen statt.

Somit soll das Interpretationsstereotyp, wo jede Mißempfin-
dung im Brustbereich automatisch dem Herzen zugeschrieben
wird, verändert werden.

Abschließend sei darauf hingewiesen, daß der Therapeut bei
der Behandlung auch mit den sozialen Schwierigkeiten der Patienten konfrontiert wird. Wohnungsprobleme, Gefährdung des
Arbeitsplatzes, finanzielle Probleme sind nur einige, deren
Lösung für den Therapieverlauf eine Rolle spielen. Bei Vorliegen anderer Konflikte, z. B. Partnerproblematik, welche
in der Therapie nicht angegangen werden, wird der Patienten
an eigens dafür eingerichtete Institutionen (Partnertherapie-
zentrum) weitervermittelt.

Auf sozialmedizinische Aspekte wurde in dieser Untersuchung
nicht eingegangen, da dies den Rahmen der Studie sprengen
würde. Besonderes Augenmerk wurde auf psychische und ver-

haltensmäßige Variablen und deren Veränderung während der
Therapie gelegt.

3. Die Untersuchungsinstrumente

Das Untersuchungsinstrumentarium setzt sich aus zwei Teilen zusammen: einerseits aus einer psychologischen Testbatterie, in der subjektive Beschwerden und die Angstsymptomatik erfaßt werden und andererseits aus einem von mir aus der Erfahrung zusammengestellten Fragekatalog über typische Verhaltensauffälligkeiten bei Herzangstpatienten (siehe Anhang). Die Testbatterie umfaßt 4 standardisierte psychologische Tests, die dem Collegium internationale Psychiatrie Scalarum (Berlin, 1977) entnommen wurden.

3.1. Hamilton-Angst-Skala (HAMA) nach M. HAMILTON (1976)

Die Hamilton-Angst-Skala ist ein Fremdbeurteilungsverfahren zur Bewertung von Angstzuständen. Sie ist als psychopathometrisches Verfahren klassifizierbar, da sie nur dann zur Schweregradmessung eingesetzt werden soll, wenn ein ängstlich-neurotisches Zustandsbild vorliegt. Diese Skala eignet sich nicht zur Angstschätzung, bei folgenden Diagnosen: agitierte Depression, Zwangsneurose, organische Demenz, Hysterie und Schizophrenie. Bei der Beurteilung der Angstausprägung wird die gesamte Woche vor der Befragung mitberücksichtigt. Die Skala setzt sich aus 14 Itemsgruppen zusammen:
Beispiele:
a) Ängstliche Stimmung: Sorgen, Erwartung des Schlimmsten, furchtvolle Erwartungen, Reizbarkeit.
b) Spannung: Gefühl von Gespanntheit, Erschöpfbarkeit, Schreckhaftigkeit, Neigung zum Weinen, Zittern, Gefühl von Unruhe, Rastlosigkeit, Unfähigkeit, sich zu entspannen.
Jeder Itemskomplex soll durch Ankreuzen einer der folgenden fünf Ausprägungsstufen beantwortet werden:

Nicht vorhanden (0 Punkte), gering (1), mäßig (2), stark (3), sehr stark (4).

Die angekreuzten Punkte werden zu einem Gesamt-Rohwert addiert und als Gradmesser der Angst interpretiert. Je höher der Score, desto stärker ist die Ausprägung der Angst. Weiters lassen sich die Symptomkomplexe nach unterschiedlichen Faktoren zusammenfassen: Faktor I bezieht sich auf somatische Angst (allgemeine somatische Symptome, kardiovaskuläre Symptome usw.).

Beispiele:

a) Gastro-intestinale Symptome: Schluckbeschwerden, Blähungen, Bauchschmerzen, Schmerzen vor oder nach dem Essen, Sodbrennen, Magenbrennen, Völlegefühl, saures Aufstoßen, Übelkeit, Erbrechen, Darmkollern, Durchfall, Gewichtsverlust, Verstopfung.

b) Kardiovaskuläre Symptome: Druck- oder Engegefühl in der Brust, Erstickungsgefühl, Seufzer, Dyspnoe.

c) Uro-genitale Symptome: Häufiges Wasserlassen, Harndrang, Amenorrhoe, Menorrhagie, Entwicklung einer Frigidität, Ejaculatio praecox, Libidoverlust, Impotenz.

Der Faktor 2 bezieht sich auf psychische Angst (siehe obige Beispiele: Ängstliche Stimmung, Spannung).

Die Testgütekriterien betreffend wird als Interrater-Reliabilität ein Wert von 0,89 angeführt (CIPS, 1977).

Da sich die subjektive Angst bei Herzangstpatienten in psychischen und körperlichen Symptomen manifestiert, ist die Hamilton-Angst-Skala zur Messung des Angstgrades ge-

eignet und wurde aus diesem Grunde in die Testbatterie
aufgenommen.

3.2. Die Erlanger Angst und Spannungs-Skala (EAS) nach
     J. V. GALSTER (1975).

Im Unterschied zur Hamilton-Angst-Skala, welche eine Fremd-
beurteilungsskala ist, ist die Erlanger-Angst-Spannungs-
skala ein Selbstbeurteilungsverfahren. Sie ist ein Kurz-
verfahren, welches die Situationsangst und Situationsspannung mißt. Die Aufnahme beträgt etwa 3 Minuten. Die Skala
setzt sich aus 11 Items zusammen. Der Proband soll seinen
augenblicklichen Zustand beurteilen ("Ich bin jetzt furcht-
sam", "unruhig" usw.). Es stehen ihm 5 Abstufungen zur Verfügung: "ja, stimmt genau", "stimmt ziemlich", "mittel",
"stimmt kaum" und "stimmt nicht".
In der Auswertung bleibt das erste Item unberücksichtigt,
da es nur der Einübung dient. Durch Addition der zehn Items
wird die Gesamtpunktezahl gebildet. Je höher diese ist, je
ausgeprägter sind Angst- und Spannungszustände. Ferner können für die Komponente "Angst" (Itemnummer 2, 4, 6, 8) und
"Spannung" (Itemnummer 3, 5, 7, 9, 10, 11) Teilpunktzahlen
addiert werden. Da es sich bei dieser Untersuchung um eine
Veränderungsmessung über mehrere Zeitpunkte handelt, ist die
Wiederholbarkeit der EAS Vorraussetzung gewesen um in die
Testbatterie aufgenommen zu werden. Die Testgütekriterien
betreffend stehen empirisch ermittelte Vergleichswerte von
Studenten (Normalpersonen) und verschiedenen Stichproben
mit Angst und Spannungszuständen zur Verfügung. Spezifische
Reliabilitätsuntersuchungen sind nicht bekannt. Eine inhalt-
liche Validität geht aus der Itemselektion hervor, zu den
empirischen Validitätsbelegen ist zu rechnen, daß Personen
unter angstinduzierten Bedingungen höhere Werte als ohne

diese Bedingungen zeigten (z. B. J. V. GALSTER und andere
1975, S. LEHRL und andere 1977). Die Aufteilung der Items
in die 2 Komponenten "Angst" und "Spannung" wird durch die
Ergebnisse verschiedener Faktorenanalysen gerechnet (LEHRL
und andere 1977).

3.3. Die Befindlichkeitsskala nach D. v. ZERSSEN (Bf-S).

Die Befindlichkeitsskala ist ein Selbstbeurteilungsverfahren, daß dem Patienten zur eigenständigen Bearbeitung
vorgelegt wird. Diese Skala beurteilt das momentane Befinden und die augenblickliche Beeinträchtigung des Patienten. Sie eignet sich für Meßwiederholungen und für
die Kontrolle therapeutischer Maßnahmen. Sie setzt sich
aus 48 Gegensatzpaaren (siehe Anhang) von Eigenschafts-
wörtern zusammen. Zum Beispiel: Ich fühle mich jetzt eher
frisch - eher matt - weder noch. Der Patient wird aufgefordert bei jeder Polarität die Eigenschaft anzukreuzen,
die seinem augenblicklichen Befinden am ehesten entspricht.
Falls er sich nicht zu entscheiden vermag, kann er auf die
Rubrik "weder-noch" ausweichen. Bei jeder Polarität werden
für die Wahl der negativen Eigenschaft zwei Punkte, bei Un-
entschiedenheit ein Punkt und bei der Wahl der positiven
Eigenschaft null Punkte zugeordnet. Die Punktwerte werden
dann über alle Items addiert. Die Summe entspricht dem Ge-
samtrohwert, der als Schweregradindex der Beeinträchtigung
interpretiert wird. Die Testgütekriterien betreffend wurden anhand einer repräsentativen Eichstichprobe (n = 1693)
empirische Normen ermittelt. Ebenso liegen Reliabilitäts-
und Validitätsangaben vor (CIPS, 1977). Der Geltungsbereich
der Skala erstreckt sich von gesunden Personen, über psycho-
somatisch Erkrankte bis psychiatrischen Patienten. Das
Alter der Untersuchten sollte zwischen 20 und 64 Jahren
und der Verbal-IQ über 80 liegen.

3.4. Die Beschwerdeliste (B-L) nach D. v. ZERSSEN.

Die Beschwerdeliste ist ebenfalls ein Selbstbeurteilungsverfahren und erfaßt die subjektive Beeinträchtigung durch
körperliche und psychische Beschwerden. Darüberhinaus werden mit dieser Skala die Schweregrade der Symptomatik gemessen. Die Beschwerdeliste setzt sich aus 24 Items zusammen, die sich auf verschiedene körperliche und psychische Allgemeinbeschwerden beziehen (siehe Anhang).
Beispiele:
Ich leide unter folgenden Beschwerden:
Item 1: Kloßegefühl, Engigkeit oder Würgen im Hals.
Item 2: Kurzatmigkeit.
Item 3: Schwächegefühl u.s.f.
Das Vorhandensein und die Ausprägung dieser Beschwerden
wird durch Ankreuzen einer der folgenden Rubriken beantwortet: gar nicht, kaum, mäßig, stark. Den angekreuzten
Ausprägungen sind Wertpunkte zugeordnet. Diese werden über
alle Items addiert und bilden den Gesamtwert, der als Maß
für die Gesamtbeeinträchtigung durch körperliche und psychische Allgemeinbeschwerden sind. Der Test eignet sich für
Meßwiederholungen und ist wegen der kurzen Abnahmezeit gut
anwendbar. Weiters dient er nicht nur als diagnostisches
Hilfsmittel, sondern auch der Kontrolle ärztlicher Maßnahmen in Praxis und Forschung (CIPS, 1977). Der Geltungsbereich erstreckt sich auf 20 bis 64-jährige Erwachsene mit
einem mindestverbal-IQ von 80. Der Anwendungsbereich ist
sehr weitgesteckt, vom Gesunden bis zum körperlich wie
psychisch Kranken. Hinsichtlich der Testgütekriterien
liegen Norm-, Valilidiäts- und Reliabilitätsangaben vor
(CIPS, 1977).

3.5. Der Fragekatalog

Der Fragekatalog setzt sich aus zwei Teilen zusammen. Erstens beinhaltet er spezifische Fragen über das phobische Verhalten (z. B. Angst, das Haus zu verlassen bzw. die Wohnung zu verlassen). Die agoraphobische Komponente (z. B. Furcht auf die Straße zu gehen, weil dort der nächste Anfall passieren könnte) und die klaustrophobische Komponente (z. B. Furcht davor, daß der nächste Anfall in einem beengenden Raum, kleine Wohnung, Kino, Theater usw. erfolgen könnte), sowie das Bestreben dies zu vermeiden zählt MICHAELIS (1970, S. 8) unter anderem zu den intervallären oder Dauersymptomen. Mit Hilfe des Fragekataloges sollte die Veränderung der Intervallsymptomatik beurteilt werden. Der zweite Teil gibt Auskunft über das Verhalten bei Auftreten der herzbezogenen Beschwerden (z. B. Notarzt anrufen oder herzwirksame Medikamente einnehmen usw.). Da die Herzangstpatienten eine überraschend große Übereinstimmung im Krankheitsverhalten haben, wurden die wichtigsten Merkmale hinsichtlich Anklammerungstendenz, Schonverhalten und Kontrolle des Herzens zusammengefaßt. Im Interesse des Untersuchers lag es unter anderem, den Einfluß der Therapie auf das Krankheitsverhalten empirisch zu messen. Die Antwortmöglichkeit des Fragekataloges ist dichotom.

Für die Auswertung wurden die einzelnen Items (siehe Anhang) mittels Summationsscores zu Skalen gebildet. Ein hoher Score der Skala "phobisches Verhalten" weist auf eine ausgeprägt phobische Komponente hin. Bei der Skala "Verhalten bei Auftreten der herzbezogenen Beschwerden" ist ein hoher Score ebenfalls ein Hinweis auf ein ausgeprägtes negatives Reagieren bei Wahrnehmung der Symptomatik. Aufgrund von Korrelationsberechnungen wurden einige Items der Skala "Verhalten

bei Auftreten der herzbezogenen Beschwerden" umgepolt
(Item-Nummer 4, 8, 14, 15). Item 2 und 12 wurden aufgrund
der Aussagegleichheit mit anderen Items bei der Auswertung
ausgelassen. Die Überprüfung mittels KOLMOGOROV-SMIRNOV
auf Abweichung von der Normalverteilung ergab keine statistisch auffälligen Unterschiede.

Zur Überprüfung der Reliabilität der beiden Skalen wurden
pro Zeitpunkt der Reliabilitätskoeffizient α (nach CRON-
BACH) berechnet.

Die folgende Tabelle zeigt die ermittelten Reliabilitätskoeffizienten pro Zeitpunkt:

Tab: 1 Ergebnisse der Reliabilitätskoeffizienten pro Zeit-
       punkt.

	t_1 alpha	t_2 alpha	t_3 alpha
Phobisches Verhalten	.759	.755	.744
Verhalten bei Auftreten der herzbezogenen Be-schwerden	.676	.813	.886

Aus der Tabelle ist ersichtlich, daß die beiden Skalen zu
allen Zeitpunkten t_1, t_2 und t_3 ausreichend reliabel sind.

Im Anhang befinden sich die Tafeln der Varianzanalysen.

4. Hypothesen

Aufgrund der theoretischen Überlegungen und der Auswahl
der Untersuchungsinstrumente wurden von mir folgende Hypothesen aufgestellt:

Hypothese 1.
Es wird angenommen, daß es geschlechtsspezifische Unter-
schiede hinsichtlich der gemessenen Dimensionen "Angst",
"Beschwerden" und "Befindlichkeit" gibt.

Hypothese 2.
Es wird angenommen, daß es zwischen der Kontrollgruppe, die
nur mit Psychopharmaka behandelt wird, und den beiden Versuchsgruppen im Hinblick auf die gemessenen Dimensionen
"Angst", "Beschwerden" und "Befindlichkeit" einen signifikanten Unterschied gibt.

Hypothese 3.
Es wird angenommen, daß die Versuchsgruppe 1 und die Ver-
suchsgruppe 2 eine signifikante Veränderung im Sinne einer
Besserung hinsichtlich der gemessenen Dimensionen "Angst",
"Beschwerden" und "Befindlichkeit" zwischen den Zeitpunkten
t_1 und t_3 aufweisen.

Hypothese 4.
Es wird angenommen, daß sich die Versuchsgruppe 2, welche
zusätzlich eine kognitive Therapie erhielt, von der Versuchsgruppe 1 hinsichtlich der gemessenen Dimensionen "Angst",
"Beschwerden" und "Befindlichkeit" zum Zeitpunkt t_3 (Entlassungstag) signifikant unterscheidet.

Hypothese 5.
Es wird angenommen, daß es bei den verhaltenstherapeutisch
behandelten Patienten der Versuchsgruppen 1 und 2 während
der Therapie zu keiner "Symptomverschiebung" (SCHORR, 1984,
S. 217) kommt.

Hypothese 6.
Es wird angenommen, daß es geschlechtsspezifische Unterschiede hinsichtlich des "phobischen Verhaltens" und des
"Verhaltens bei Auftreten der herzbezogenen Beschwerden"
gibt.

Hypothese 7.
Es wird angenommen, daß es zwischen der Kontrollgruppe,
die nur mit Psychopharmaka behandelt wird, und den beiden
Versuchsgruppen im Hinblick auf das "phobische Verhalten"
und das "Verhalten bei Auftreten der herzbezogenen Beschwerden" einen signifikanten Unterschied gibt.

Hypothese 8.
Es wird angenommen, daß die Versuchsgruppe 1 und die Versuchsgruppe 2 hinsichtlich des "phobischen Verhaltens" und
des "Verhaltens bei Auftreten der herzbezogenen Beschwerden"
eine signifikante Veränderung im Sinne einer Besserung zwischen den Zeitpunkten t_1 und t_3 aufweisen.

Hypothese 9.
Es wird angenommen, daß sich die Versuchsgruppe 2, welche
zusätzlich eine kognitive Therapie erhält, von der Versuchsgruppe 1 hinsichtlich des "phobischen Verhaltens" und
des "Verhaltens bei Auftreten der herzbezogenen Beschwerden"
zum Zeitpunkt t_3 signifikant unterscheidet.

5. Auswahlkriterien für die Kontrollgruppe und der Versuchsgruppe

Sowohl bei der Kontrollgruppe, als auch bei beiden Versuchsgruppen handelt es sich um Herzangstpatienten. Aus
diesem Grund gelten für alle drei die gleichen Auswahlkriterien. Die Stichproben unterscheiden sich nur durch
die Therapie, die sie erhalten.

5.1. Allgemeine Auswahlkriterien

a.) Das Alter der untersuchten Patienten wurde zwischen
20 und 50 Jahren festgesetzt. Die Festsetzung der oberen
Altersgrenze ergibt sich aus der Problematik möglicher
hirnorganischer Störungen im höheren Lebensalter. Deren
Ausschluß ist nicht aus Homogenitätsgründen notwendig,
sondern auch wegen der Verständigungsschwierigkeiten und
Erinnerungsstörungen, die die Datenerhebung sehr beein-
trächtigen würden. Als weitere Ursache für eine obere Abgrenzung mit 50 Jahren erachte ich die Tatsache, daß
physiologische Verschleißprozesse im Alter die Abgrenzung
zufälliger Korrelationen zwischen dem Herzangstsyndrom
und Wirbelsäulenveränderungen erschweren. Die Festlegung
der unteren Altersgrenze ist notwendig, da die Klassifikation
psychischer Störungen im Kindes- und Jugendalter ein wesentlich komplexeres Problem darstellt, als das im Erwachsenen-
alter der Fall ist (GATTERER u. a. 1981). Zusätzlich ist
die untere Altersgrenze Voraussetzung für die Verwendung der
Befindlichkeitsskala und der Beschwerdeliste nach D. v.
ZERSSEN (CIPS, 1977).

b.) Der Intelligenzquotient der Patienten darf nicht unter
80 liegen. Bei Personen mit einem niedrigen Quotienten be-

steht die Gefahr, daß sie die gestellten Fragen teilweise,
gar nicht oder falsch verstehen können. Zusätzlich wird
in der Anwendungsanleitung der Befindlichkeitsskala und
der Beschwerdeliste nach D. v. ZERSSEN, darauf hingewiesen,
daß die Probanden einen Verbal-IQ Intelligenzquotienten
über 80 haben sollten. Die Abklärung bzw. Feststellung
des Intelligenzquotienten erfolgt mittels Hamburger Wechsel-
test für Erwachsene, welcher routinemäßig gemeinsam mit
anderen Tests (RORSCHACH-Verfahren) bei allen Neuaufnahmen
an der Verhaltenstherapeutischen Station gemacht wird.

c.) Die deutsche Sprache sollte in Wort und Schrift be-
herrscht werden.

5.2. Spezifische Auswahlkriterien

a.) Es wurden jene Patienten in die Studie aufgenommen,
bei welchen die Diagnose Herzangstsyndrom nach MICHAELIS
(1970) gestellt wurde.

b.) Demnach müssen die herzbezogenen Beschwerden im Mittelpunkt des subjektiven Angsterlebens stehen und zu ständiger
Befürchtung Anlaß geben, herzkrank zu sein oder es bald zu
werden (MICHAELIS, 1970, Seite 1).

c.) Der Patient muß weiters aufgrund dieser Herzbeschwerden
einen Arzt aufgesucht haben.

d.) Es muß das Vorliegen anderer psychiatrischer neurologischer Erkrankungen, wie Depressionen und cerebrale An-
fallsleiden ausgeschlossen werden. MICHAELIS (1970) betont
in diesem Zusammenhang die große Ähnlichkeit herzneurotischer Anfälle bei Temporallappenepilepsien. Die differential-

diagnostische Abklärung wird einerseits durch die Erhebung eines psychopathologischen Status im Rahmen der routinemäßig durchgeführten Exploration und andererseits durch die Ableitung eines Elektronencephalogramms vollzogen.

e.) Eine organische Herz-Kreislauferkrankung wurde im Rahmen einer internistischen Durchuntersuchung (Anamnese, interner Status, Elektrocardiogramm, Ergometrie) ausgeschlossen.

f.) Weiters müssen sowohl Patienten mit infektiösen und toxischen Allgemeinerkrankungen als auch solche, bei welchen allergische oder endokrine Störungen vorliegen, ausgeschlossen werden.

g.) Die herzbezogenen Beschwerden des Patienten sollen zum Zeitpunkt der Untersuchung mindestens seit einem 1/2 Jahr bestehen.

h.) Die Erstmanifestation der herzbezogenen Beschwerden des Patienten sollen nicht länger als 10 Jahre zurückliegen.

i.) Patienten, bei welchen eine Alkohol- oder Tranquilizerabhängigkeit oder Drogensucht vorliegt, werden aus der Studie ausgeschlossen, da die Entzugssymptomatik den Therapieeffekt verzerren würde.

j.) Die Patienten, welche zur Zeit der Untersuchung außerhalb der Psychiatrischen Universitätsklinik in einer psychotherapeutischen Behandlung (z. B. Psychoanalyse) standen, wurden ausgeschlossen.

6. Zum Ablauf der Untersuchung

Die Untersuchung wurde in einem Zeitraum von 3 Jahren
(von Jänner 1981 bis Jänner 1984) durchgeführt. Aus organi-
satorischen Gründen (beschränkte Bettenanzahl) konnten nie
mehr als ein bzw. höchstens zwei Patienten mit der Diagnose
"Herzangstsyndrom" zu gleicher Zeit stationär aufgenommen
werden. Die Verhaltenstherapeutische Station umfaßt nur 20
Betten. Es werden dort außerdem Patienten mit folgenden
Diagnosen behandelt: Zwangsneurose, Tics, Adipositas,
Anorexia nervosa, Phobien usw.. Da diese Spezialabteilung
in der breiten Öffentlichkeit noch nicht so bekannt ist,
war es zunächst schwierig, eine größere Anzahl von Herzangstpatienten für diese Studie zu bekommen. Ich nahm daher
Kontakt mit der Ambulanz der Kardiologischen Universitätsklinik (Leiter: Univ. Prof. Dr. KAINDL) auf und stellte die
Untersuchung und den Therapieplan vor. Da Herzangstpatienten
meistens zuerst einen Internisten aufsuchen, (RICHTER und
BECKMANN 1973) war zu erwarten, daß sich dort Probanden
finden ließen. Ebenso wurden Patienten von praktischen Ärzten,
die die Verhaltenstherapeutische Station schon kannten, zur
Therapie überwiesen.

Für die Untersuchung der definierten Population (siehe Auswahlkriterien Kapitel 4) wurde folgende Vorgangsweise festgelegt. Die Entscheidung, ob ein Patient in diese Kontrollgruppe oder in die Versuchsgruppe aufgenommen wurde, wurde
nach dem Zufallsprinzip vorgenommen. Die Patienten, die der
Kontrollgruppe zugeteilt wurden, kamen auf eine Warteliste
und wurden im Abstand von jeweils einer Woche 3-mal zur einer
Testuntersuchung einberufen. Diese Gruppe erhielt eine psycho-
pharmakologische Behandlung und _keine_ verhaltenstherapeutische. Die Probanden erhielten in einheitlicher Dosierung zu

2-mal 25mg früh und mittags und zu 1-mal 50 mg abends ein
Antidepressivum, welches den chemischen Namen Doxepin-
hydrochlorid trägt (siehe Kapitel 2).

Die Versuchsgruppen 1 und 2 setzten sich aus Probanden zusammen, die stationär aufgenommen wurden. Selbstverständlich
wäre das Untersuchungsdesign reiner gewesen, wenn auch die
Kontrollgruppe stationär aufgenommen worden wäre. Aus ethi-
schen Gründen ist es jedoch nicht zu vertreten, jemanden
2 Wochen auf einer Station aufzunehmen, ohne diesem eine
psychotherapeutische Behandlung zu gewähren. Ein zweiter
Grund war, daß die meisten Patienten oft keinen Kranken-
stand an ihrem Arbeitsplatz melden wollten und sich für die
Dauer der Aufnahme Urlaubstage nahmen. Die Betroffenen wären
sehr enttäuscht gewesen, wenn sie in dieser Zeit nicht die
ihnen zugesagte Therapie erhielten. Die Zeitpunkte für die
Abnahme der Tests wurde für die Kontrollgruppe außerhalb der
Arbeitszeit gewählt. Ebenso war es kein Problem, internisti-
sche Untersuchungen, das Elektroencephalogramm und die Wirbelsäulenröntgen ambulant durchführen zu lassen.

Die Entscheidung, ob ein Patient in die Versuchsgruppe 1 oder
2 kam, wurde wieder nach dem Zufallsprinzip entschieden. Die
Patienten wurden im Rahmen einer Sitzvisite routinemäßig vom
Oberarzt der Station exploriert. Im Zusammenhang mit meiner
Arbeit habe ich zusätzlich mit jedem Patienten mit der Diagnose Herzangstsyndrom ein klinisches Interview vorgenommen,
um festzustellen, ob der in Frage kommende Proband auch die
übrigen Auswahlkriterien erfüllt (siehe Kapitel 5.1. und 5.2.).

Vor allem wurden nur solche Patienten in die Studie aufgenommen, bei denen keine negative Beeinflussung des Therapie-
verlaufes durch das Ausfüllen der Fragebogen zu erwarten war.

Dies stellte sich aber als überflüssige Vorsicht heraus,
denn die Patienten zeigten sich ohne Ausnahme sehr moti-
viert, ihre Ängste und vielfältigen Beschwerden schrift-
lich festzulegen. In einem weiteren persönlichen Gespräch
wurde den ausgewählten Probanden die Zielsetzung und der
Ablauf der Studie dargelegt. Erklärte sich der Patient bereit, die Fragebögen auszufüllen, wurde ihm die Testbatterie
mit den 3 Selbstbeurteilungsverfahren mit den nötigen Er-
läuterungen übergeben. Die Abnahme der Fremdbeurteilungs-
skala und des Fragekataloges führte ich mit den Patienten
gemeinsam durch. Bis auf einen Patienten, der nach wenigen
Tagen die Station verließ, da er mißtrauisch war und es vor-
zog, bei seinem Internisten in Behandlung zu bleiben, er-
klärten sich alle ausgewählten Patienten bereit, die Fragebögen auszufüllen. Um die Anzahl der Probanden gleich zu
halten, wurde ein zusätzlicher Patient in die Studie aufgenommen. Jeder Patient wurde während seiner Aufnahme 3-mal
getestet (siehe Abbildung 10).

Zu folgenden Zeitpunkten erfolgte eine testpsychologische
Untersuchung:

Erhebungszeitpunkte:

Abb. 10

	KG	VG 1	VG 2
Tag der ersten Kontakt-aufnahme	t_1	t_1	t_1
nach einer Woche	t_2	t_2	t_2
nach zwei Wochen	t_3	t_3	t_3

Die psychologischen Tests wurden im Hinblick auf die Meß-

wiederholung unter dem Gesichtspunkt einer kurzen Aufnahme-
zeit gewählt. Aus diesem selben Grund versuchte ich den
Fragekatalog kurz zu fassen. Die Gesamtdauer für das Ausfüllen der Fragebögen betrug im Durchschnitt nie mehr als
45 Minuten, meistens nur 30 Minuten. Die Patienten zeigten
sich alle bereit, an den Meßwiederholungen teilzunehmen.

Da es in dieser Studie um die Effektivität verschiedener
verhaltenstherapeutischer Techniken geht, wurden den Patienten der Versuchsgruppe 1 und 2 verschiedene Kombinations-
therapien zuteil (siehe Abb. 11).

KG (N = 15)	VG 1 (N = 15)	VG 2 (N = 15)
ambulant	stationär	stationär
	Entspannungsübungen nach JAKOBSON	Entspannungs- übungen nach JAKOBSON
	Systematische Desensi- bilisierung	Systematische Desensibili- sierung
	operantes Kondi- tionieren	operantes Kon- ditionieren
	manuelle Therapie	manuelle Therapie
	Physiotherapie	Physiotherapie
		Kognitive Thera- pie

Therapieschema:

Sinequan 25-25-50 mg	Sinequan 25-25-50 mg	Sinequan 25-25- 50 mg

Therapieschema: Abb. 11

Die einzelnen Therapieschritte sind im Kapitel 2 des empirischen Teiles zusammengefaßt.

Die stationäre Aufnahme erstreckte sich über einen Zeitraum
von 2 Wochen. Bis auf 3 Probanden, die von Psychologen mit
abgeschlossener verhaltenstherapeutischer Ausbildung be-
treut wurden, übernahm ich selbst die Durchführung der Therapie aller Patienten. Dies konnte um so leichter geschehen,
als wie oben erwähnt, niemals mehr als 2 Patienten zugleich
stationär aufgenommen werden konnten. Sowohl der überaus
technische Charakter der Therapie, als auch die Tatsache,
daß alle Schritte eingehend zusammen besprochen und geplant
wurden, erscheint es nicht ungerechtfertigt, die Therapeuten-
variable in diesem Zusammenhang zu vernachlässigen.

7. Beschreibung der Stichproben

Insgesamt konnten 45 Probanden in die Studie aufgenommen werden. Davon wurden 15 Patienten ambulant an der Verhaltenstherapeutischen Ambulanz und 30 Patienten an der Verhaltenstherapeutischen Station (Leiter Prof. Dr. H. G. ZAPOTOCZKY) der Wiener Psychiatrischen Universitätsklinik (Vorstand Prof. Dr. P. BERNER) untersucht.

Die folgende Tabelle zeigt die Aufteilung hinsichtlich der Geschlechtszugehörigkeit und der Gruppenzuteilung.

Tab. 2	KG	VG I	VG II	Insgesamt	in %
männlich	5	7	6	18	40
weiblich	10	8	9	27	60
Insgesamt	15	15	15	45	

In der früheren Literatur galt die Auffassung, daß das Herzangstsyndrom bei Frauen durchwegs häufiger vorkam als bei Männern(FRIEDBERG 1956).

KULENKAMPFF und BAUER (1960) dagegen ermittelten ein deutliches Überwiegen der Männer (62 % und 38 % Frauen). RICHTER und BECKMANN (1973) fanden im Material der Psychosomatischen Klinik Gießen auch eine fast idente Geschlechtsverteilung mit 71 % Männern und 29 % Frauen.

In meiner Studie kommt es zu umgekehrten Ergebnissen. Es leiden nur 40 % Männer, jedoch 60 % Frauen an einem Herz-

angstsyndrom. Ich schließe mich der Meinung von RICHTER und
BECKMANN (1973) an, die sagen, daß die Geschlechtsverteilung sozial bedingten Schwankungen unterliegt. "Die Frage,
warum einmal die Frauen und ein anderesmal die Männer häufiger vertreten sind, müßte von sozialmedizinischer Seite durch
spezielle epidemiologische Untersuchungen geklärt werden
(RICHTER und BECKMANN, 1973, S. 33)."

Die folgende Tabelle gibt Auskunft über den Familienstand,
der in die Studie aufgenommenen Patienten:

Tab. 3	verwitwet	0	
	ledig	9	20 %
	geschieden	8	18 %
	verheiratet	28	62 %
	Insgesamt	45	

Die prozentuelle Verteilung hinsichtlich des Familienstan-
des stimmt mit den Erhebungen in der Literatur überein.
Untersuchungen von RICHTER und BECKMANN (1973) bestätigen
das Ergebnis. Sie zählten in der Gießener Psychomatischen
Klinik von 125 Herzneurotikern 79 % verheiratete, 18 %
ledige und 3 % verwitwete und geschiedene Patienten. Sie
konnten nachweisen, daß die Tendenz der Herzneurotiker,
häufiger zu heiraten und seltener ledig zu bleiben, gegenüber unausgelesenen Neurotikern mit anderer Symptomatik,
statistisch gesichert ist. Die Autoren nehmen an, daß bei
Herzneurotikern zur Befriedigung ihrer Kontaktwünsche enge
Partnerbindungen eine bedeutsame Rolle spielen.

Die folgende Tabelle zeigt die prozentuelle Verteilung
der Berufe der Patienten, verglichen mit einer Untersuchung von RICHTER und BECKMANN (1973):

Tab. 4	Untersuchung v. R. & B.	Eigene Untersuchung
Angestellte	33 %	33 % (15)
Arbeiter	31 %	22 % (10)
Hausfrauen	17 %	20 % (9)
Schüler/Studenten	6 %	2 % (1)
Selbstständige	4 %	4 % (2)
Berufssoldaten	1 %	0
Frühpensioniert	0	4 % (2)
Arbeitslos	0	13 % (6)

Auch RICHTER und BECKMANN fanden in ihrer Untersuchung die
gesamte Berufsskala vom Selbstständigen bis zum ungelernten
Arbeiter vertreten. Ein Vergleich unserer Verteilung mit der
von RICHTER und BECKMANN mittels Chi-Quadrat-Test (x^2 = 5.8.,
df = 4 => n.s.) ergab keinen Unterschied. Somit schließe ich
mich dem Standpunkt, daß die Wahrscheinlichkeit an einem
Herzangstsyndrom zu erkranken von Beruf und Bildung unabhängig ist, an.

Die folgende Tabelle zeigt die Werte der Altersverteilung:
Das durchschnittliche Alter der Gesamtstichprobe beträgt:
36,6. (Vergleiche mit Angaben der Literatur, siehe Theoretischen Teil 1.5.2.).

Tab. 5

	Männer	Frauen	$\bar{X}$ Alter/Gruppe
KG	38.6	35.2	36.3
VG I	34.1	37.2	35.7
VG II	36.8	38.3	37.7

$\bar{X}$

Alter/Gruppe 36.6   36.8

Die Überprüfung der Altersverteilung in Abhängigkeit von
Gruppenzugehörigkeit und Geschlecht mittels 2-facher Varianzanalyse (SPSS-Prozedur "ANOVA") zeigte keine signifikante Unterschiede. Es kann deshalb das Alter für alle
Gruppen als konstant betrachtet werden.

8. Verrechnung der empirisch gewonnenen Daten

Die Verrechnung des erhobenen Datenmaterials wurde im EDV-
Rechenzentrum des Universitätsrechnerbundes, Wien, Anlage
Universitätsstraße durchgeführt.

Die Daten wurden direkt aus den Fragebögen erfaßt und auf
Disketten abgespeichert. Anschließend wurden sämtliche Da-
tenrecords auf Lochfehler überprüft. Für die statistische
Auswertung kamen die Programmpakete SPSS (Statistical
package for the social sciences) und BMDP (Bio-medical
data package) zur Verwendung (verwendete Rechenanlage:
CDC-CYBER 720).

Zu Beginn der Auswertung wurden die Daten aller drei Stichproben in allen Untersuchungsbereichen mit dem KOLMOGOROV-
SMIRNOV-Test auf Normalverteilung hin überprüft (CLAUSS
und EBNER, 1972). Dabei zeigte sich, daß sämtliche Daten-
gruppen normalverteilt sind.

9. Auswertung und Interpretation der Ergebnisse

ad) Hypothese 1
Es wird angenommen, daß es geschlechtsspezifische Unterschiede hinsichtlich der gemessenen Dimension "Angst", "Befindlichkeit" und "Beschwerden" gibt.

Zur Überprüfung dieser Hypothese wurde eine dreifache Varianzanalyse (Faktoren Gruppenzugehörigkeit, Geschlecht und Meßwiederholung) gerechnet (BMDP-Prozedur BMDP 2V).

In der anschließenden Tabelle wurden die berechneten p-Werte eingetragen, die auf eine signifikante Abweichung in dem jeweiligen Faktor hinweisen. Im Anhang finden sich die Tafeln der Varianzanalysen. Aus der Tabelle ist ersichtlich, daß in allen Dimensionen signifikante geschlechtsspezifische Unterschiede vorliegen.

115

Tab. 6   Ergebnisse der dreifachen VARIANZANALYSE
(Signifikanztabelle)

	GR	SEX	GS	R	RG	RS	RGS
Somatische Angst (HAMA I)	.429	.022*	.693	.000**	.000**	.899	.925
Psychische Angst (HAMA II)	.200	.001**	.773	.000**	.000**	.881	.575
Allgemeiner Angstgrad (HAMA III)	.336	.003**	.991	.000**	.000**	.871	.722
Beschwerden (B-L)	.334	.001**	.581	.000**	.020*	.374	.334
Befindlichkeit (Bf-S)	.228	.003**	.669	.000**	.303	.671	.485
Situationsangst (ERL-A)	.699	.000**	.945	.050*	.056	.274	.731
Situationsspannung (ERL-S)	.771	.001**	.941	.002**	.006**	.303	.412

* = 0,05 ≙ 5 %

** = 0,01 ≙ 1 %

GR......Gruppe
SEX.....Geschlecht
GS......Wechselwirkung zwischen Gruppe und Geschlecht

R......Meßwiederholung
RG.....Wechselwirkung zwischen Gruppe und Meßwiederholung
RS.....Wechselwirkung zwischen Geschlecht und Meßwiederholung
RGS....Wechselwirkung zwischen Gruppe, Geschlecht und Meßwiederholung

Im Anhang finden sich die Tafeln der t - Tests für unabhängige Stichproben.

Die erste der drei Tabellen zeigt den Vergleich über alle
gemessenen Dimensionen zwischen männlichen und weiblichen
Herzangstpatienten innerhalb der Kontrollgruppe zum Zeitpunkt der ersten Testung (t_1), nach einer Woche Behandlung
(t_2) und nach zwei Wochen Behandlung (t_3).

Tab. 7: Ergebnisse der t-Tests für unabhängige Stichproben.
Vergleich männliche und weibliche Patienten der
Kontrollgruppe.

KG (n=15)	t_1	t_2	t_3
Somatische Angst (HAMA I)	.110	.160	.069
Psychische Angst (HAMA II)	.265	.218	.069
Allgemeiner Angst-grad (HAMA III)	.180	.170	.107
Beschwerden (B-L)	.030*	.045*	.577
Befindlichkeit (Bf-S)	.044*	.098	.518
Situationsangst (ERL-A)	.067	.042	.435
Situationsspannung (ERL-S)	.030*	.048*	.644

* = 0,05 = 5 %
** = 0,01 = 1 %

Die nächste Tabelle zeigt den Vergleich zwischen männlichen und weiblichen Probanden innerhalb der Versuchsgruppe 1 über alle gemessenen Dimensionen zu den Zeitpunkten t_1 (Tag der stationären Aufnahme), t_2 (eine Woche nach Behandlungsbeginn) und t_3 (Entlassungstag).

Tab. 8 : Ergebnisse der t - Tests für unabhängige Stichproben. Vergleich zwischen männlichen und weiblichen Patienten der Versuchsgruppe 1.

VG 1 (n=15)	t_1	t_2	t_3
Somatische Angst (HAMA I)	.160	.213	.138
Psychische Angst (HAMA II)	.095	.158	.123
Allgemeiner Angstgrad (HAMA III)	.099	.168	.112
Beschwerden (B-L)	.013*	.013*	.101
Befindlichkeit (Bf-S)	.093	.557	.955
Situationsangst (ERL-A)	.036*	.132	.244
Situationsspannung (ERL-S)	.031*	.274	.338

* = 0,05 $\hat{=}$ 5 %
** = 0,01 $\hat{=}$ 1 %

Die nächste Tabelle zeigt den Vergleich zwischen männlichen und weiblichen Probanden innerhalb der Versuchsgruppe 2 über alle gemessenen Dimensionen zu den Zeitpunkten t_1, t_2 und t_3.

Tab. 9: Ergebnisse der t - Tests für unabhängige Stichproben.
Vergleich zwischen männlichen und weiblichen Patienten der Versuchsgruppe 2.

VG 2 (n=15)	t_1	t_2	t_3
Somatische Angst (HAMA I)	.931	.750	.378
Psychische Angst (HAMA II)	.367	.179	.002**
Allgemeiner Angst-grad (HAMA III)	.561	.391	.047*
Beschwerden (B-L)	.912	.258	.251
Befindlichkeit (Bf-S)	.538	.214	.208*
Situationsangst (ERL-A)	.285	.095	.138
Situationsspanunng (ERL-S)	.226	.236	.067

$* = 0,05 \,\hat{=}\, 5\ \%$
$** = 0,01 \,\hat{=}\, 1\ \%$

Es zeigen sich in allen Gruppen signifikante Unterschiede
in Abhängigkeit der Geschlechtszugehörigkeit.

Die folgende Tabelle zeigt die Ergebnisse der Zeitpunkt-
vergleiche innerhalb der Geschlechtsgruppe. Die mittels
t - Test für abhängige Stichproben errechneten p - Werte
sind eingetragen. Im Anhang finden sich die Ergebnisse der
t - Tests.

Tab. 10: Ergebnisse der t - Tests für abhängige Stichproben.
Vergleich zwischen den Zeitpunkten t_1, t_2, t_3 in
Abhängigkeit des Geschlechts.

	t_1/t_2		t_1/t_3		t_2/t_3	
	m	w	m	w	m	w
Somatische Angst (HAMA I)	.023*	.000**	.005**	.005**	.291	.906
Psychische Angst (HAMA II)	.083	.002**	.036*	.019*	.477	.944
Allgemeiner Angstgrad (HAMA III)	.039*	.000**	.012*	.007**	.353	.972
Beschwerden (B-L)	.022*	.011*	.077	.004**	.652	.090
Befindlichkeit (Bf-S)	.155	.003**	.082	.001**	.381	.300
Situationsangst (ERL-A)	.265	.415	.340	.033*	.763	.030
Situationsspannung (ERL-S)	.243	.021*	.186	.004**	.794	.069

* = 0,05 $\hat{=}$ 5 %
** = 0,01 $\hat{=}$ 1 %

Die drei folgenden Abbildungen zeigen, daß die weiblichen
Patienten sowohl hinsichtlich der somatischen und der psychischen als auch bei der allgemeinen Angst höhere Mittelwerte
aufweisen. Die weiblichen Patienten sind also insgesamt
ängstlicher, gespannter, unruhiger und reizbarer usw. (siehe
Anhang) als männliche Herzangstpatienten.

Laut Varianzanalyse ist das Gesamtniveau der Frauen signifikant unterschieden von dem der Männer. Pro Untersuchungsgruppe

konnten jedoch pro Zeitpunkt keine geschlechtsspezifischen
Unterschiede der Skala "Somatische Angst" befundet werden.

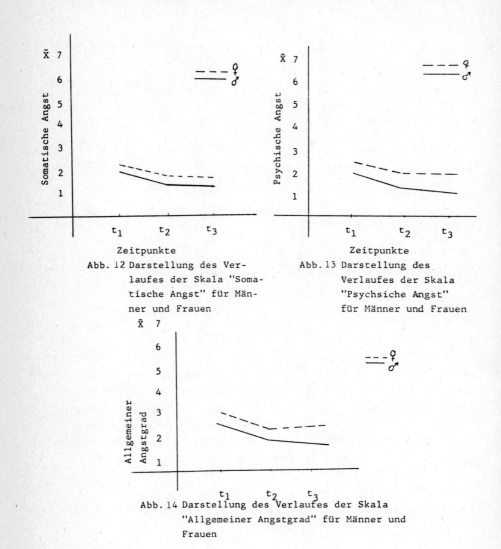

Abb. 12 Darstellung des Verlaufes der Skala "Soma-
tische Angst" für Män-
ner und Frauen

Abb. 13 Darstellung des
Verlaufes der Skala
"Psychsiche Angst"
für Männer und Frauen

Abb. 14 Darstellung des Verlaufes der Skala
"Allgemeiner Angstgrad" für Männer und
Frauen

Die folgende Abbildung zeigt, daß die weiblichen Patienten
hinsichtlich der subjektiven Beeinträchtigung höhere Mittelwerte aufweisen, als die männlichen Herzangstpatienten. Sie
leiden im stärkeren Maß an körperlichen und psychischen Allgemeinbeschwerden, wie z. B. Kloßgefühl, Engigkeit und Würgen im Hals, Schwächegefühl usw. (siehe Anhang, Items der
B-L v. ZERSSEN).

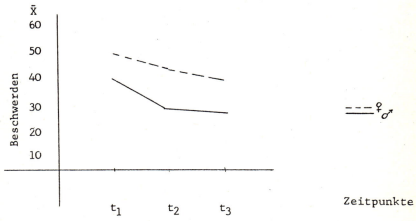

Abb. 15 Darstellung des Verlaufes
der Skala "Beschwerden"
für Männer und Frauen

Aus der Abbildung 4 ist ersichtlich, daß bei Männern bereits kurz nach Therapiebeginn eine signifikante Besserung
der Beschwerden beobachtbar sind und diese bis zur Entlassung
nahezu unverändert bleiben. Während bei den Frauen eine kon-
tinuierliche signifikante Besserung der Beschwerden zu sehen
ist.

Die nächste Abbildung zeigt, daß die weiblichen Patienten
im Durchschnitt höhere Mittelwerte bei der Befindlichkeit

aufweisen. Sie waren im momentanen Befinden mehr gestört,
als die männlichen Probanden. Eine signifikante Änderung
im positiven Sinn ist nur bei den Frauen feststellbar. Die
in der Abbildung ersichtliche Veränderung der Männer ist
nicht signifikant.

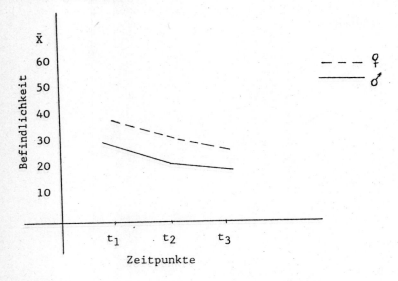

Abb. 16 Darstellung des Verlaufes
der Skala "Befindlichkeit"
für Männer und Frauen

Die nächsten beiden Abbildungen zeigen wieder ganz deutlich,
daß die weiblichen Patienten hinsichtlich der Situationsangst und -spannung höhere Mittelwerte im Durchschnitt aufweisen.

Auch diesemal ist nur bei den Frauen eine signifikante Besserung in positiver Richtung beobachtbar.

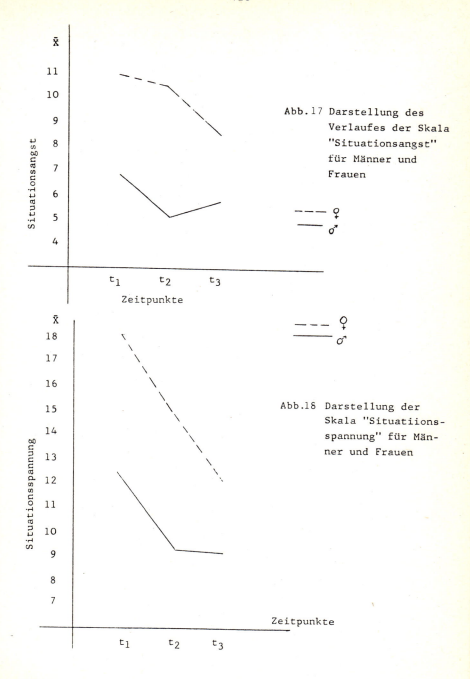

Abb.17 Darstellung des
Verlaufes der Skala
"Situationsangst"
für Männer und
Frauen

♀
♂

Abb.18 Darstellung der
Skala "Situatiions-
spannung" für Män-
ner und Frauen

Aufgrund der eben beschriebenen Ergebnisse kann die Hypothese 1 angenommen werden - es zeigen sich in allen Skalen geschlechtsspezifische Unterschiede.

Interpretation

Die weiblichen Herzangstpatienten geben höhere Werte bei der psychischen, somatischen und allgemeinen Angst an. Weiters leiden sie im Durchschnitt im stärkeren Maß an einer subjektiven und allgemeinen Beeinträchtigung. Auch die momentanen Angst- und Spannungszustände werden von den weiblichen Probanden stärker empfunden, als von den männlichen.

Die deutlichen Unterschiede zwischen den Geschlechtern in allen Skalen stimmt mit eigenen Beobachtungen überein. Die Männer schilderten zögernder ihre Beschwerden und waren gehemmter bei der Darstellung ihrer ängstlichen Gefühlwahrnehmungen. Die Diskrepanz verringerte sich im Laufe der Behandlung.

ad) Hypothese 2

Es wird angenommen, daß es zwischen der Kontrollgruppe, die
nur mit Psychopharmaka behandelt wird, und den beiden Versuchsgruppen im Hinblick auf die gemessenen Dimensionen
Angst, Beschwerden und Befindlichkeit einen signifikanten
Unterschied gibt.

Zur Überprüfung dieser Hypothese wurde eine zweifache Varianzanalyse (Faktoren Gruppenzugehörigkeit, Meßwiederholung) gerechnet (BMDP - Prozedur, BMDP 2V).

Aufgrund der Ergebnisse der Hypothese 1 werden im folgenden
die Hypothesen für Männer und Frauen getrennt berechnet.

Die nächsten zwei Tabelle zeigen die mittels zweifacher
Varianzanalyse errechneten p-Werte für Männer und Frauen,
die auf eine signifikante Abweichung im jeweiligen Faktor
hinweisen. Im Anhang befinden sich die Tafeln der Varianzanalysen.

Tab. 11 : Ergebnisse der zweifachen Varianzanalyse für die
(Signifikanztabelle) weiblichen Patienten (n=27)

	GR	R	R/G
Somatische Angst (HAMA I)	.865	.000**	.000**
Psychische Angst (HAMA II)	.256	.001**	.001**
Allgemeiner Angstgrad (HAMA III)	.472	.000**	.000**
Beschwerden (B-L)	.784	.001**	.351
Befindlichkeit (Bf-S)	.155	.001**	.796
Situationsangst (ERL-A)	.833	.011*	.222
Situationsspannung (ERL-S)	.710	.001**	.193

* = 0,05 ≙ 5 %   GR......Gruppe
** = 0,01 ≙ 1 %   R.......Meßwiederholung
                        R/G.....Wechselwirkung zwischen
                                Gruppe und Meßwiederholung

Aus der Tabelle wird ersichtlich, daß bei den weiblichen
Probanden über allen gemessenen Dimensionen signifikante
Unterschiede bei der Meßwiederholung vorliegen.

Weiters zeigen sich innerhalb der weiblichen Stichprobe
keine gruppenabhängigen Unterschiede, wohl aber finden
sich bei der psychischen, der somatischen und der allgemeinen Angst hochsignifikante Ergebnisse bei der Wechselwirkung zwischen Gruppenzugehörigkeit und Meßwiederholung.

Tab. 12 : Ergebnisse der zweifachen Varianzanalyse für
Männer (n=18) (Signifikanztabelle)

	GR	R	R/G
Somatische Angst (HAMA I)	.449	.003**	.043*
Psychische Angst (HAMA II)	.578	.036*	.032*
Allgemeiner Angstgrad (HAMA III)	.673	.008**	.029*
Beschwerden (B-L)	.325	.022*	.068
Befindlichkeit (Bf-S)	.847	.102	.202
Situationsangst (ERL-A)	.830	.513	.265
Situationsspannung (ERL-S)	.969	309	.033*

$* = 0,05 \mathrel{\widehat{=}} 5 \%$ GR......Gruppe

$** = 0,01 \mathrel{\widehat{=}} 1 \%$ R.......Meßwiederholung

R/G.....Wechselwirkung zwischen
Meßwiederholung und Gruppenzugehörigkeit

Aus dieser Tabelle wird ersichtlich, daß auch bei den
männlichen Patienten bei der Meßwiederholung signifikante
Unterschiede beobachtbar sind. Analog den Frauen zeigen
sich auch hier signifikante Wechselwirkungen zwischen
Gruppenzugehörigkeit und Zeitverlauf.

Um die Unterschiede zwischen den Gruppen pro Zeitpunkt zu
ermitteln, wurde pro Zeitpunkt eine einfache Varianzanalyse
(SPSS-Prozedur ONEWAY) durchgeführt.

Die folgenden zwei Tabellen zeigen die berechneten p-Werte
der einfachen Varianzanalyse und die Darstellung der
DUNCAN-Tests für Frauen und Männer.

Tab. 13: Ergebnisse der einfachen Varianzanalyse für weibliche Patienten (n=27) (Signifikanztabelle)

	t_1		t_2		t_3	
	p	signif. Unters. 1. DUNCAN-Test	p	signif. Unters. 1. DUNCAN-Test	p	signif. Unters. 1. DUNCAN-Test
Somatische Angst (HAMA I)	.608	-	.298	-	.010*	(1, (2, 3))
Psychsiche Angst (HAMA II)	.550	-	.237	-	.008**	(1, (2, 3))
Allgemeiner Angst-grad (HAMA III)	.639	-	.266	-	.004**	(1, (2, 3))
Beschwerden (B-L)	.934	-	.456	-	.458	-
Befindlichkeit (Bf-S)	.501	-	.358	-	.255	-
Situationsangst (ERL-A)	.447	-	.196	-	.938	-
Situationsspan-nung (ERL-S)	.877	-	.173	-	.410	-

* = 0,05 $\hat{=}$ 5 %   1......KG
** = 0,01 $\hat{=}$ 1 %   2......VG 1
                              3......VG 2

Tab. 14: Ergebnisse der einfachen Varianzanalyse für männliche Patienten (n=18) (Signifikanztabelle)

	t_1		t_2		t_3	
	p		p		p	
	signif. Unters. 1. DUNCAN-Test		signif. Unters. 1. DUNCAN-Test		signif. Unters. 1. DUNCAN-Test	
Somatische Angst (HAMA I)	.212	-	.286	-	.210	-
Psychische Angst (HAMA II)	.607	-	.721	-	.004**	(1, (2, 3))
Allgemeiner Angst- grad (HAMA III)	.378	-	.542	-	.034*	(1, (2, 3))
Beschwerden (B-L)	.402	-	.257	-	.407	-
Befindlichkeit (Bf-S)	.407	-	.868	-	.164	-
Situationsangst (ERL-A)	.434	-	.636	-	.643	-
Situationsspan- nung (ERL-S)	.690	-	.596	-	.033	(1, 3)

* = 0,05 = 5 %   1.......KG
** = 0,01 = 1 %   2.......VG 1
                        3.......VG 2

Aufgrund der dargestellten Ergebnisse läßt sich im Sinne der
Alternativhypothese feststellen, daß sowohl bei Frauen als
auch bei Männern, zunächst keine Gruppenunterschiede bestehen. Der Einfluß verhaltenstherapeutischer Techniken
(VG 1), bzw. in Kombination mit kognitiven Verfahren (VG 2)
wird jedoch zum Zeitpunkt t_3 sichtbar.

Die ausschließlich mit Psychopharmaka behandelte Kontroll-
gruppe zeigt zu diesem Zeitpunkt ein Angleichen des Angst-
niveaus an die ursprüngliche Ebene des ersten Zeitpunktes.
Der Unterschied zwischen der Kontrollgruppe und den beiden
Versuchsgruppen ist zum Zeitpunkt t_3 statistisch gesichert.
Deshalb kann die Alternativhypothese angenommen werden.

Die folgenden Abbildungen stellen Zeitverlauf differenziert
nach Gruppenzugehörigkeit für Männer und Frauen dar.

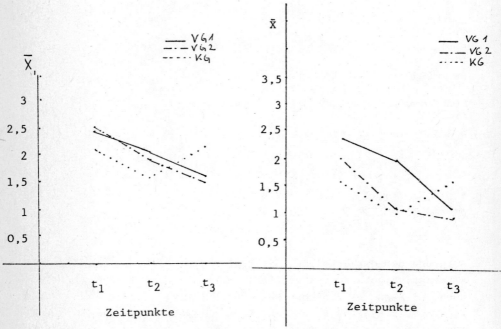

Abb. 19 Darstellung der Skala
"Somatische Angst"
für Frauen (n=27)

Abb. 20 Darstellung der Skala
"Somatische Angst" für
Männer (n=18)

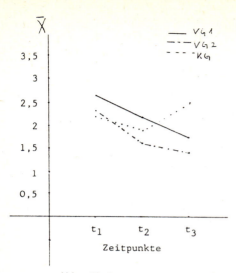

Abb. 21 Darstellung der Skala
"psychische Angst"
für Frauen (n=27)

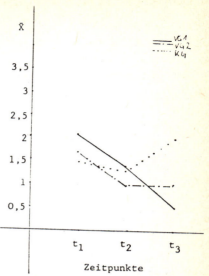

Abb. 22 Darstellung der Skala
"psychische Angst"
für Männer (n=18)

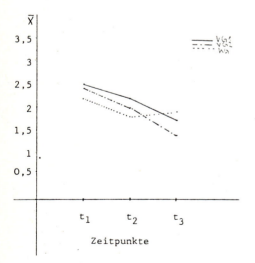

Abb. 23 Darstellung der Skala
"Allgemeiner Angstgrad"
für Frauen (n=27)

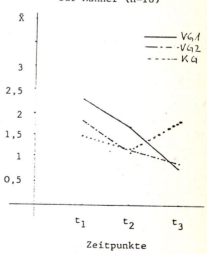

Abb. 24 Darstellung der Skala
"Allgemeiner Angstgrad"
für Männer (n=18)

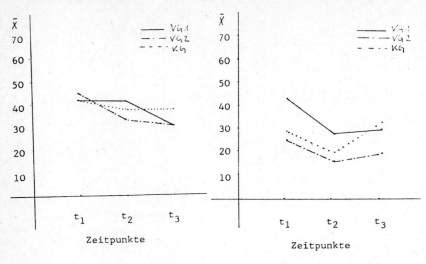

Abb. 25 Darstellung der Skala
"Beschwerden" für
Frauen (n=27)

Abb. 26 Darstellung der Skala
"Beschwerden für
Männer (n=18)

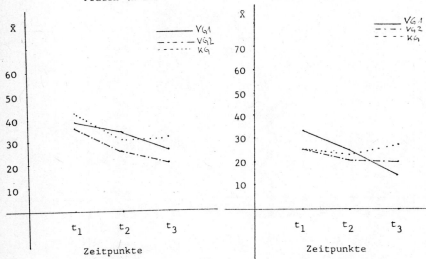

Abb. 27 Darstellung der Skala
"Befindlichkeit" für
Frauen (n=27)

Abb. 28 Darstellung der Skala
"Befindlichkeit" für
Männer (n=18)

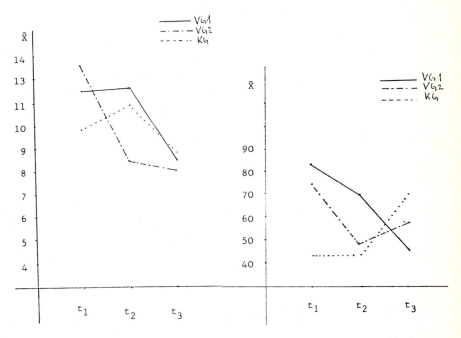

Abb. 29 Darstellung der Skala
"Situationsangst" für
Frauen (n=27)

Abb. 30 Darstellung der Skala
"Situationsangst" für
Männer (n=18)

134

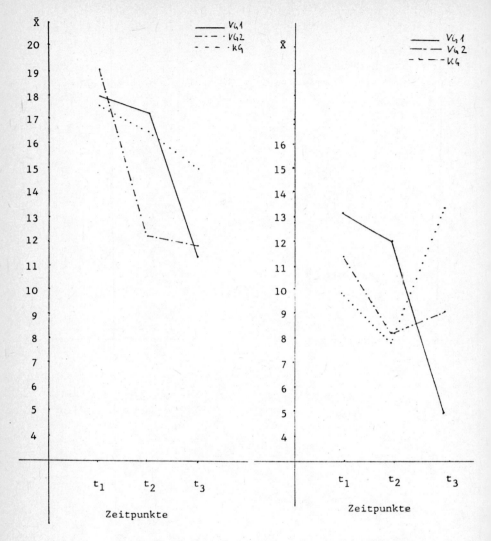

Abb. 31 Darstellung der Skala
"Situationsspannung"
für Frauen (n=27)

Abb. 32 Darstellung der Skala
"Situationsspannung"
für Männer (n=18)

Interpretation

Die Ergebnisse bestätigen die in der Literatur zitierte Annahme, daß eine Therapie mit Psychopharmaka bei Herzneurotikern nie alleine oder nur in der Hauptsache Hilfe leisten
können (RICHTER und BECKMANN, 1973, S. 133).

Die Autoren betonen, daß Medikamente nur im Rahmen einer
psychologischen geschickten Behandlungsführung eine er-
gänzende Unterstützung bieten. Der mangelnde Effekt der
psychopharmakologischen Therapie findet darin ihren Ausdruck,
daß die Herzangstpatienten extrem häufig Medikamente wech-
seln (siehe folgende Abbildung aus RICHTER und BECKMANN, 1973,
S. 137).

Welche und wieviele Medikamente bekamen Herzneurotiker,
bevor sie in der Psychosomatischen Klinik Gießen untersucht wurden?
Befragung von N = 67 Patienten[*]

Art der Medikamente	Anzahl		Anzahl der Verordnungen	
Ataraktika	10	(14%)	35	(30%)
Antidepressiva	6	(8%)	16	(6%)
Ataraktika + Antidepressiva komb.	1	(1%)	6	(2%)
Neuroleptika	11	(15%)	35	(12%)
barbitursäurehaltige Sedativa oder Hypnotika	8	(11%)	31	(11%)
pflanzliche Sedativa	4	(5%)	5	(2%)
Herz-Kreislauf-Mittel	25	(34%)	59	(21%)
sonstige Mittel	9	(12%)	47	(16%)
	74	(100%)	284	(100%)

Anzahl der Medikamente	Anzahl der Patienten	
0 bis 3	21	(31%)
4 bis 7	34	(51%)
8 bis 11	7	(10%)
12 und mehr		(8%)
	67	(100%)

Abb. 33

*Anm.: Die Angaben erfassen sicher nur einen Teil der wirklichen Menge
der verordneten Medikamente, da sich die Patienten häufig nicht immer an
alle Medikamente erinnern konnten.

Die Autoren meinen weiters, daß jedoch eine Kombination von
Medikamenten und Psychotherapie durchaus erfolgreich sei.
Diese Annahme wird durch die eben dargestellten Ergebnisse
bestätigt.

136

ad) Hypothese 3
Es wird angenommen, daß die Versuchsgruppe 1 und die Versuchsgruppe 2 eine signifikante Veränderung im Sinne einer Besserung hinsichtlich der gemessenen Dimensionen Angst, Beschwerden und Befindlichkeit zwischen den Zeitpunkten t_1 und t_3 aufweisen.

In den folgenden Tabellen sind die mittels t - Test für abhängige Stichproben errechneten p-Werte angegeben. Auch wurden die Berechnungen für Frauen und Männer getrennt durchgeführt. Im Anhang finden sich die Ergebnisse der t - Tests.

Tab. 15 : Ergebnisse der t- Tests für abhängige Stichproben. Zeitvergleich innerhalb der KG nur für Männer (n=5).

	t_1/t_2	t_1/t_3	t_2/t_3
Somatische Angst (HAMA I)	.194	.684	.087
Psychische Angst (HAMA II)	.732	.320	.060
Allgemeiner Angstgrad (HAMA III)	.398	.447	.059
Beschwerden (B-L)	.351	.463	.098
Befindlichkeit (Bf-S)	.571	.779	.057
Situationsangst (ERL-A)	1.000	.033*	.065
Situationsspannung (ERL-S)	.258	.011*	.046

* = 0,05 $\hat{=}$ 5 %
** = 0,01 $\hat{=}$ 1 %

Tab 16 : Ergebnisse der t - Tests für abhängige Stichproben.
Zeitvergleich innerhalb der KG für Frauen (n=10).

	t_1/t_2	t_1/t_3	t_2/t_3
Somatische Angst (HAMA I)	.008[*]	.557	.004[*]
Psychische Angst (HAMA II)	.235	.519	.041
Allgemeiner Angstgrad (HAMA III)	.013	.512	.005[*]
Beschwerden (B-L)	.069	.257	.892
Befindlichkeit (Bf-S)	.024	.118	.938
Situationsangst (ERL-A)	.458	.723	.217
Situationsspannung (ERL-S)	.557	.448	.572

$*$ = 0,05 $\hat{=}$ 5 %
$**$ = 0,01 $\hat{=}$ 1 %

Aus den beiden Tabellen wird ersichtlich, daß bei den Frauen keine signifikanten Unterschiede zwischen den Zeitpunkten t_1 und t_3 vorliegen und bei den Männern liegt bei der Dimension Situationsangst und -spannung eine 5 %-Signifikanz vor.

Die nächsten beiden Tabellen 17 und 18 zeigen die mittels t - Test für abhängige Stichproben errechneten p-Werte für die Versuchsgruppe 1 für Männer und Frauen.

Tab. 17: Ergebnisse der t - Tests für abhängige Stichproben.
Zeitvergleich innerhalb der Versuchsgruppe 1 für
Männer (n=7).

	t_1/t_2	t_1/t_3	t_2/t_3
Somatische Angst (HAMA I)	.120	.018*	.112
Psychische Angst (HAMA II)	.227	.105	.832
Allgemeiner Angst-grad (HAMA III)	.158	.037*	.257
Beschwerden (B-L)	.139	.422	.029*
Befindlichkeit (Bf-S)	.559	.473	.888
Situationsangst (ERL-A)	.347	.231	.683
Situationsspannung (ERL-S)	.437	.386	.665

$* = 0,05 \stackrel{\wedge}{=} 5 \%$

$** = 0,01 \stackrel{\wedge}{=} 1 \%$

Tab. 18: Ergebnisse der t - Tests für abhängige Stichproben. Zeitvergleich innerhalb der Versuchsgruppe 1 für Frauen (n=8).

	t_1/t_2	t_1/t_3	t_2/t_3
Somatische Angst (HAMA I)	.004**	.011*	.271
Psychische Angst (HAMA II)	.002**	.002**	.438
Allgemeiner Angstgrad (HAMA III)	.003**	.005**	.312
Beschwerden (B-L)	.011*	(.067)	.683
Befindlichkeit (Bf-S)	.177	.046*	.581
Situationsangst (ERL-A)	.008**	.015*	.835
Situationsspannung (ERL-S)	.007**	(.072)	.898

* = 0,05 $\hat{=}$ 5 %
** = 0,01 $\hat{=}$ 1 %

Die Tabellen zeigen, daß bei den Frauen zum Teil hochsignifikante Unterschiede zwischen den Zeitpunkten t_1 und t_3 vorliegen. Bei den Männern liegen bei "somatischer Angst" und bei "allgemeinen Angstgrad" signifikante Unterschiede vor. Die in Klammer stehenden Werte geben einen Trend in Richtung Besserung an (siehe Abbildungen).

Die Tabellen 19 und 20 stellen die mittels t - Test für abhängige Stichproben errechneten p-Werte für die Versuchsgruppe 2.für Männer und Frauen dar.

Tab. 19: Ergebnisse der t - Tests für abhängige Stichproben innerhalb der Versuchsgruppe 2 für Männer (n=6).

	t_1/t_2	t_1/t_3	t_2/t_3
Somatische Angst (HAMA I)	.395	.039*	.006**
Psychische Angst (HAMA II)	.293	.021*	.029*
Allgemeiner Angstgrad (HAMA III)	.324	.023*	.012*
Beschwerden (B-L)	.202	(.060)	(.070)
Befindlichkeit (Bf-S)	.284	(.069)	(.070)
Situationsangst (ERL-A)	.618	.251	.104
Situationsspannung (ERL-S)	.737	(.090)	.037*

* = 0,05 $\hat{=}$ 5 %
** = 0,01 $\hat{=}$ 1 %

Tab. 20: Ergebnisse der t - Tests für abhängige Stichproben innerhalb der Versuchsgruppe 2 für Frauen (n=9).

	t_1/t_2	t_1/t_3	t_2/t_3
Somatische Angst (HAMA I)	.098	.015*	.010*
Psychische Angst (HAMA II)	.136	.004**	.135
Allgemeiner Angstgrad (HAMA III)	.118	.006**	.013*
Beschwerden (B-L)	.790	(.077)	.005**
Befindlichkeit (Bf-S)	.159	.032*	.141
Situationsangst (ERL-A)	.938	.165	.023*
Situationsspannung (ERL-S)	.699	.005**	.007**

* = 0,05 $\hat{=}$ 5 %
** = 0,01 $\hat{=}$ 1 %

Die in Klammer angegebenen Werte weisen auf einen Trend in Richtung einer Besserung hin.

Sowohl bei Männern, als auch bei Frauen sind signifikante Veränderungen zwischen den Zeitpunkten t_1 und t_3 beobachtbar. Aus diesem Grund kann die Hypothese angenommen werden.

Innerhalb der KG zeigten sich bis auf 2 Skalen bei den Männern keine signifikanten Unterschiede zwischen den beiden Erhebungszeitpunkten.

Interpretation

Die eben beschriebenen Ergebnisse bestätigen, daß die Patienten, die mit verhaltenstherapeutischen Techniken behandelt wurden, hinsichtlich ihrer Ängste, Beschwerden
und Befindlichkeit eine deutliche Besserung zeigen. Die
stationäre Psychotherapie bewirkte sowohl bei den weiblichen,
als auch bei den männlichen Patienten eine wesentliche Besserung der gesamten Herzangstsymptomatik.

RICHTER und BECKMANN (1973) betonen, daß die stationäre
Behandlung bei Neurotikern an Bedeutung zugenommen hat,
da die Entlastung vom häuslichen Milieu und der schützende
Effekt einer Klinik als entspannend erlebt wird.

Diese beiden Komponenten kombiniert mit einer Psychotherapie,
die auf lerntheoretischen Grundlagen aufbaut, dürfte für den
Therapieerfolg der beiden Versuchsgruppen verantwortlich
sein.

ad) Hypothese 4

Es wird angenommen, daß sich die Versuchsgruppe 2, welche zusätzlich eine kognitive Therapie erhielt, von der Versuchsgruppe 1 hinsichtlich der gemessenen Dimensionen signifikant unterscheidet zum Zeitpunkt t_3 (Entlassungstag).

Die folgende Tabelle gibt die mittels t - Test für unabhängige Stichproben errechneten p-Werte an. Die Berechnungen wurden für Männer und Frauen getrennt durchgeführt.

Tab. 21: Ergebnisse der t - Tests für unabhängige Stichproben. Vergleich der Versuchsgruppen 1 und 2 zum Zeitpunkt t_3 (Signifikanztabelle).

	Männer (n=13)	Frauen (n=17)
Somatische Angst (HAMA I)	.152	.295
Psychische Angst (HAMA II)	.623	.518
Allgemeiner Angstgrad (HAMA III)	.776	.336
Beschwerden (B-L)	.888	.758
Befindlichkeit (Bf-S)	.304	.268
Situationsangst (ERL-A)	.662	.873
Situationsspannung	.162	.889

* = 0,05 $\hat{=}$ 5 %
** = 0,01 $\hat{=}$ 1 %

Die Tabelle zeigt, daß zwischen der Versuchsgruppe 1, die
eine traditionelle verhaltenstherapeutische Behandlung erhielt, und der Versuchsgruppe 2, die zusätzlich eine kognitive Therapie erhielt, zum Zeitpunkt der Entlassung in allen
gemessenen Dimensionen keine signifikante Unterschiede beobachtbar sind. Aufgrund dieser Ergebnisse muß die Alternativhypothese verworfen werden.

Interpretation

Die Ergebnisse können in der Richtung interpretiert werden,
daß der Behandlungseffekt der kognitiven Therapie während
eines relativ kurzen stationären Klinikaufenthaltes nicht
unmittelbar zur Geltung kommt und einer klassischen Verhaltenstherapie nicht überlegen ist. Forschungsergebnisse
der kognitiven Verhaltensmodifikation bestätigen, daß die
Technik der Neuattribuierung langfristig zum Erfolg führt
(D´ZURILLA 1971, GOLDFRIED 1974, WEIN 1975). Da es trotz-
allem auf dem Gebiet der kognitiven Therapie noch wenig
systematische Forschungsergebnisse gibt, wäre eine Nachuntersuchung im Hinblick auf den Therapieerfolg auf lange
Sicht bei behandelten Herzangstpatienten zu erwägen, würde
aber den Rahmen dieser Studie sprengen.

ad) Hypothese 5

Es wird angenommen, daß es bei den verhaltenstherapeutisch behandelten Patienten der Versuchsgruppe 1 und 2 während der Therapie zu keiner "Symptomverschiebung" (SCHORR, 1984, S. 217) kommt.

Die folgenden Tabellen zeigen die Mittelwerte der Items 9, 10 und 11 der Hamilton-Anxiety-Scale für alle Gruppen und für Frauen und Männer getrennt.

Tab. 22: Ergebnisse der Mittelwerte für die Items 9, 10 und 11 für die Männer (n=18).

		KG (n=5)	VG_1 (n=7)	VG_2 (n=6)
Kardiovaskuläre Symptome, Tachykardie, Herzklopfen, Brustschmerzen, Pochen in den Gefäßen, Ohnmachtsgefühle, Aussetzen des Herzschlages (HAMA 9)	t_1	3.00	3.14	3.67
	t_2	1.80	1.57	2.33
	t_3	2.60	1.29	1.60
Respiratorische Symptome, Druck- und Engegefühl in der Brust, Erstickungsgefühl, Seufzer, Dyspnoe (HAMA 10)	t_1	1.80	1.14	2.83
	t_2	1.00	.86	2.50
	t_3	1.40	.57	1.60
Gastro-intestinale Symptome, Schluckbeschwerden, Blähungen, Bauchschmerzen, Schmerzen vor oder nach dem Essen, Sodbrennen, Völlegefühl, saures Aufstoßen, Übelkeit, Erbrechen, Darmkollern, Durchfall, Gewichtsverlust, Verstopfung (HAMA 11)	t_1	.80	1.00	1.83
	t_2	1.00	.86	1.33
	t_3	2.00	.43	.60

Tab. 23: Ergebnisse der Mittelwerte für die Items 9, 10
und 11 für die Frauen (n=27).

		KG (n=8)	VG_1 (n=9)	VG_2 (n=10)
Kardiovaskuläre Symptome, Tachykardie, Herzklopfen,	t_1	3.20	3.75	3.00
Brustschmerzen, Pochen in den Gefäßen, Ohnmachtsge-	t_2	2.00	2.50	2.67
fühle, Aussetzen des Herz- schlages (HAMA 9)	t_3	3.00	1.63	1.67
Respiratorische Symptome, Druck- und Engegefühl in	t_1	3.00	3.00	2.67
der Brust, Erstickungs- gefühl, Seufzer, Dyspnoe	t_2	1.80	1.50	2.00
(HAMA 10)	t_3	3.00	1.25	1.56
Gastro-intestinale Symp- tome, Schluckbeschwerden,	t_1	1.40	1.88	1.78
Blähungen, Bauchschmerzen, Schmerzen vor oder nach	t_2	1.20	1.38	1.11
dem Essen, Sodbrennen, Völlegefühl, saures Auf-	t_3	1.60	1.63	.78
stoßen, Übelkeit, Erbre- chen, Darmkollern, Durch- fall, Gewichtsverlust, Verstopfung (HAMA 11)				

Aus den Tabellen wird ersichtlich, daß die Mittelwerte aller
Items abnehmen. Jedoch bei der Kontrollgruppe kommt es zum
Zeitpunkt t_3 zu einem Ansteigen der Mittelwerte, was auf
eine Verschlechterung der Symptomatik hinweist. Aufgrund
der Ergebnisse kann die Hypothese 5 angenommen werden.

Die nächsten Abbildungen zeigen den Verlauf der Symptom-
änderung innerhalb der Versuchsgruppe 1 und 2 und der
Kontrollgruppe.

148

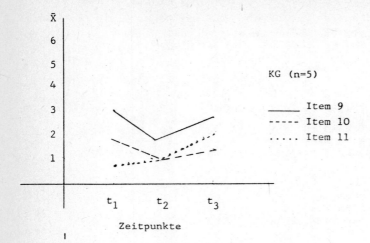

KG (n=5)

———— Item 9
– – – – Item 10
...... Item 11

Abb. 34 Darstellung der Mittelwerte
für die Kontrollgruppe für
Männer (n=5)

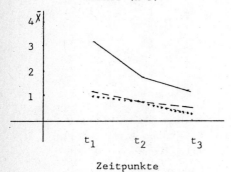

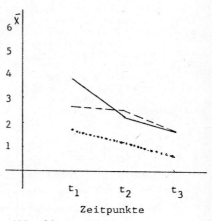

Abb. 35 Darstellung der Mittelwerte
für die Versuchsgruppe 1
für Männer (n=7)

Abb. 36
Darstellung der Mittelwerte
für die Versuchsgruppe 2
für Männer (n=6)

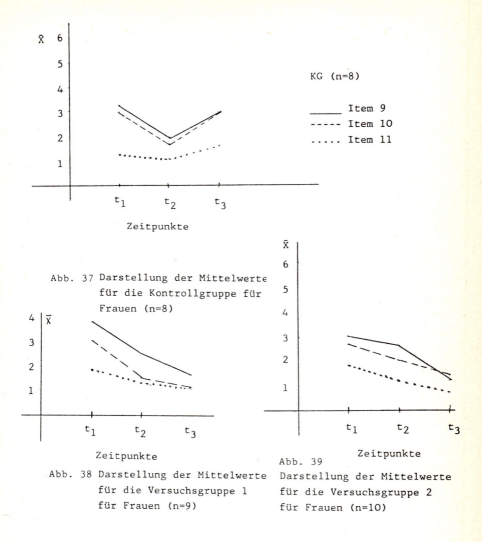

Abb. 37 Darstellung der Mittelwerte für die Kontrollgruppe für Frauen (n=8)

Abb. 38 Darstellung der Mittelwerte für die Versuchsgruppe 1 für Frauen (n=9)

Abb. 39 Darstellung der Mittelwerte für die Versuchsgruppe 2 für Frauen (n=10)

Die Graphiken verdeutlichen, daß die herzbezogenen Beschwerden bei VG 1 und VG 2 abgenommen haben und die respiratorischen und gastrointestinalen Symptome ebenfalls besser wurden

Interpretation

Die eben dargestellten Ergebnisse beweisen, daß es zu keiner Symptomverschiebung kommt. LAZARUS (1965) meint, daß
es eine Frage des richtigen Einsatzes der vorhandenen Verfahren sei, ob es zu einer "Symptomverschiebung" während
und nach der Therapie kommt.

ad) Hypothese 6

Es wird angenommen, daß es geschlechtsspezifische Unterschiede hinsichtlich des "phobischen Verhaltens" und des "Verhaltens bei Auftreten der herzbezogenen Beschwerden" gibt.

Zur Überprüfung dieser Hypothese wurde eine dreifache Varianzanalyse (Faktoren Gruppenzugehörigkeit, Geschlecht und Maßwiederholung) gerechnet (BMDP-Prozedur BMDP 2V).

In der Tabelle wurden die berechneten p-Werte eingetragen, die auf eine signifikante Abweichung in dem jeweiligen Faktor hinweisen. Im Anhang finden sich die Tafeln der Varianzanalysen.

Tab. 24: Ergebnisse der Varianzanalysen (Signifikanztabelle).

(n=45)	GR	SEX	GS	R	RG	RS	RGS
phobisches Verhalten	.283	.947	.987	$.000^{**}$	$.004^{**}$	.510	.392
Verhalten bei Auftreten der herzbezogenen Beschwerden	$.000^{**}$	.475	.100	$.000^{**}$	$.000^{**}$	.103	.429

$* = 0,05 \stackrel{\wedge}{=} 5\%$
$** = 0,01 \stackrel{\wedge}{=} 1\%$

GR......Gruppe
SEX.....Geschlecht
GS......Wechselwirkung zw. Geschlecht und Gruppe
R.......Meßwiederholung
RG......Wechselwirkung zw. Meßwiederholung und Gruppe
RS......Wechselwirkung zwischen Meßwiederholung und Geschlecht
RGS.....Wechselwirkung zwischen Gruppe, Meßwiederholung und Geschlecht.

Aus der Tabelle 24 ist ersichtlich, daß keine signifikanten geschlechtsspezifischen Unterschiede beobachtet wurden. Aufgrund dieser Ergebnisse wurden die weiteren Ergebnisse für Männer und Frauen gemeinsam berechnet.

Interpretation

Die Ergebnisse beschreiben, daß sich die weiblichen Patienten hinsichtlich des Schonverhaltens, der Anklammerungstendenz und des Verhaltens bei Auftreten der herzbezogenen Beschwerden nicht von den männlichen Probanden
unterscheiden.

Die von MICHAELIS (1970) dargestellten Symptome im Intervallgeschehen treffen auf beide Geschlechter in gleichem
Ausmaß zu. Die klaustrophobischen und agoraphobischen Komponenten, sowie die Reaktion auf die herzbezogene Symptomatik
sind ganz typische geschlechtsunabhängige Krankheitsmerkmale
des Herzangstsyndroms.

ad) Hypothese 7

Es wird angenommen, daß es zwischen der Kontrollgruppe, die
nur mit Psychopharmaka behandelt wird, und den beiden Versuchsgruppen im Hinblick auf das "phobische Verhalten" und
das "Verhalten bei Auftreten der herzbezogenen Beschwerden"
einen signifikanten Unterschied gibt.

Um die Unterschiede zwischen den Gruppen pro Zeitpunkt zu
ermitteln, wurde pro Zeitpunkt eine einfache Varianzanalyse
(SPSS-Prozedur ONEWAY) durchgeführt.

Die folgende Tabelle zeigt die berechneten p-Werte und die
Darstellung der DUNCAN-Tests für die weiblichen und männlichen Patienten.

Tab. 25 : Ergebnisse der einfachen Varianzanalyse und der
DUNCAN-Tests (Signifikanztabelle).

	t_1		t_2		t_3	
	prob.	DUNCAN	prob.	DUNCAN	prob.	DUNCAN
phobisches Verhalten	.752	-	.697	-	.001**	(1, (2, 3))
Verhalten bei Auftre-ten der Beschwerden	.009**	(1, 3)	.003**	(1,(2,3)	.000**	(1, (2, 3))

$* = 0,05 \overset{\wedge}{=} 5\ \%$
$** = 0,01 \overset{\wedge}{=} 1\ \%$

Aus dieser Tabelle wird ersichtlich, daß zwischen den Gruppen
signifikante Unterschiede beobachtbar sind. Zum Zeitpunkt t_3
liegen in beiden gemessenen Dimensionen hochsignifikante
Unterschiede zwischen der Kontrollgruppe und den beiden Versuchsgruppen vor. Die Alternativhypothese kann aufgrund der
Ergebnisse angenommen werden.

Interpretation

Die Ergebnisse können in der Weise interpretiert werden,
daß die Patienten, die nur mit Psychopharmaka behandelt
wurden keine Veränderung hinsichtlich der phobischen Verhaltensauffälligkeiten und der Reaktionsweise bei Wahrnehmung der Beschwerden zeigten. Die verhaltenstherapeutisch behandelten Probanden zeigen hochsignifikante Unterschiede in beiden Komponenten. Die Beobachtungen stimmen
mit den Ergebnissen der Literatur überein.

COOKE (1968) zeigte in seinen Untersuchungen, daß die verhaltenstherapeutische Technik wie die Systematische Desensibilisierung bei Angst besonders wirksam ist.

Auch DAVISON (1968) und LANG und LAZOVIK (1963) konnten in
ihren Studien die Wirksamkeit lerntheoretischer Verfahren
experimentell nachweisen.

ad) Hypothese 8

Es wird angenommen, daß die Versuchsgruppe 1 und die Versuchsgruppe 2 hinsichtlich des "phobischen Verhaltens" und
des "Verhaltens bei Auftreten der Beschwerden" eine signifikante Veränderung im Sinne einer Besserung zwischen den
Zeitpunkten t_1 und t_3 aufweisen. Zur Überprüfung dieser
Hypothese wurden t - Tests für abhängige Stichproben gerechnet.

In der Tabelle wurden die berechneten p-Werte, die auf eine
signifikante Abweichung in dem jeweiligen Faktor hinweisen,
aufgezeichnet. Im Anhang finden sich die Ergebnisse der t-Tests.

Tab. 26: Ergebnisse der t - Tests für abhängige Stichproben.
Zeitpunktvergleich für Männer und Frauen.

Ergebnisse für die Kontrollgruppe (n=15)

	t_1/t_2	t_1/t_3	t_2/t_3
Phobisches Verhalten	.334	.164	.173
Verhalten bei Auf-treten der Beschwerden	.016*	.018*	.125

Ergebnisse für die Versuchsgruppe 1 (n=15)

	t_1/t_2	t_1/t_3	t_2/t_3
Phobisches Verhalten	.222	.000**	.000**
Verhalten bei Auf-treten der Beschwerden	.000**	.000**	.000**

Ergebnisse für die Versuchsgruppe 2 (n=15)

	t_1/t_2	t_1/t_3	t_2/t_3
Phobisches Verhalten	.582	.009[**]	.009[**]
Verhalten bei Auftreten der Beschwerden	.000[**]	.000[**]	.000[**]

Aus der Tab. 26 ist ersichtlich, daß es bei den beiden Versuchsgruppen hinsichtlich des "phobischen Verhaltens" und des "Verhaltens bei Auftreten der herzbezogenen Beschwerden" zwischen den Zeitpunkten t_1 und t_3 zu hochsignifikanten Veränderungen gekommen ist. Aufgrund dieser Ergebnisse kann die Alternativhypothese angenommen werden.

Die folgenden Tabellen zeigen für jede der beiden Skalen und für jede Gruppe getrennt die Antworthäufigkeit pro Item in Prozenten.

158

Tabelle: 27
Darstellung der Antworthäufigkeiten der Kontrollgruppe
(n=15). Angaben in Prozenten für die Skala "phobisches
Verhalten".

In letzter Zeit ist es mir unmöglich:	t_1	t_2	t_3
1) Allein zu Hause zu sein	74	73	73
2) Allein von zu Hause wegzugehen	53	53	40
3) Einsame Straßen bei Tag zu benützen	80	80	80
4) Zu reisen, wenn kein Arzt erreichbar ist	100	100	100
5) Allein spazieren zu gehen	87	87	73
6) Allein einkaufen zu gehen	47	47	33
7) Schlange in einem Kaufhaus zu stehen	47	47	40
8) In einem Wartezimmer zu sitzen	47	47	33
9) Mit öffentlichen Verkehrsmittel zu fahren	80	80	80
10) In einem Taxi zu fahren	-	-	-
11) In einem Aufzug zu fahren	20	20	7
12) Ins Theater oder Kino zu gehen	87	87	87
13) Einen großen leeren Platz zu überqueren	40	33	33
14) Im eigenen Auto allein zu fahren	93	93	93

Tabelle: 28

Darstellung der Antworthäufigkeiten für die Versuchsgruppe 1 (n=15). Angaben in Prozenten für die Skala "phobisches Verhalten".

In letzter Zeit ist es mir unmöglich:	t_1	t_2	t_3
1) Allein zu Hause zu sein	93	87	53
2) Allein von zu Hause wegzugehen	47	40	20
3) Einsame Straßen bei Tag zu benützen	87	80	73
4) Zu reisen, wenn kein Arzt erreichbar ist	100	93	86
5) Allein spazieren zu gehen	80	60	20
6) Allein einkaufen zu gehen	47	47	7
7) Schlange in einem Kaufhaus zu stehen	47	47	20
8) In einem Wartezimmer zu sitzen	33	27	7
9) Mit öffentlichen Verkehrsmittel zu fahren	73	67	40
10) In einem Taxi zu fahren	-	-	-
11) In einem Aufzug zu fahren	13	13	0
12) Ins Theater oder Kino zu gehen	80	80	47
13) Einen großen leeren Platz zu überqueren	33	20	0
14) Im eigenen Auto allein zu fahren	100	93	60

Tabelle: 29

Darstellung der Antworthäufigkeiten für die Versuchsgruppe 2 (n=15). Angaben in Prozenten für die Skala "phobisches Verhalten".

In letzter Zeit ist es mir unmöglich:	t_1	t_2	t_3
1) Allein zu Hause zu sein	73	73	60
2) Allein von zu Hause wegzugehen	33	33	20
3) Einsame Straßen bei Tag zu benützen	80	80	80
4) Zu reisen, wenn kein Arzt erreichbar ist	100	100	100
5) Allein spazieren zu gehen	73	67	40
6) Allein einkaufen zu gehen	33	40	20
7) Schlange in einem Kaufhaus zu stehen	53	53	20
8) In einem Wartezimmer zu sitzen	40	47	33
9) Mit öffentlichen Verkehrsmittel zu fahren	87	80	67
10) In einem Taxi zu fahren	-	-	-
11) In einem Aufzug zu fahren	7	7	0
12) Ins Theater oder Kino zu gehen	60	67	33
13) Einen großen leeren Platz zu überqueren	40	40	27
14) Im eigenen Auto allein zu fahren	100	100	93

Tabelle: 30

Darstellung der Antworthäufigkeiten für die Kontrollgruppe (n=15). Angaben in Prozenten für die Skala "Verhalten bei Auftreten der herzbezogenen Beschwerden".

Bei Auftreten der herzbezogenen Beschwerden habe ich:	t_1	t_2	t_3
1) Den Notarzt angerufen, die Rettung angerufen, mit Partner (bzw. Ehepartner) in das nächste Krankenhaus gefahren	80	80	47
3) Den Nachbar aufgesucht, den Ehepartner oder Freunde verständigt	100	93	87
4) Mich entspannt	0	0	37
5) Die Arbeit unterbrochen, mich geschont, niedergelegt	73	73	73
6) Beruhigungstabletten eingenommen	80	67	67
7) Herzwirksame Tabletten eingenommen	93	20	20
8) Versucht mich abzulenken	20	13	13
9) Wein (Alkohol) getrunken	47	33	13
10) Das Fenster geöffnet, um frische Luft zu bekommen	50	53	47
11) Fremde Leute um Hilfe gebeten	47	47	33
13) Mich wie gelähmt gefühlt und war nicht imstande mich zu bewegen	47	47	33
14) Tief durchgeatmet	0	7	7
15) Gymnastikübungen gemacht	0	7	7

Die Items 2 und 12 wurden wegen Inhaltsgleichheit mit anderen Items nicht ausgewertet.

Tabelle: 31

Darstellung der Antworthäufigkeiten für die Versuchsgruppe 1
(n= 15). Angaben in Prozenten für die Skala "Verhalten bei
Auftreten der herzbezogenen Beschwerden".

Bei Auftreten der herzbezogenen Beschwerden habe ich:	t_1	t_2	t_3
1) Den Notarzt angerufen, die Rettung angerufen, mit Partner (bzw. Ehepartner) in das nächste Krankenhaus gefahren	87	47	7
3) Den Nachbar aufgesucht, den Ehepartner oder Freunde verständigt	100	47	7
4) Mich entspannt	0	53	15
5) Die Arbeit unterbrochen, mich geschont, niedergelegt	80	80	53
6) Beruhigungstabletten eingenommen	100	33	13
7) Herzwirksame Tabletten eingenommen	100	0	0
8) Versucht mich abzulenken	40	93	100
9) Wein (Alkohol) getrunken	40	0	0
10) Das Fenster geöffnet, um frische Luft zu bekommen	0	0	13
11) Fremde Leute um Hilfe gebeten	53	14	0
13) Mich wie gelähmt gefühlt und war nicht imstande mich zu bewegen	67	40	20
14) Tief durchgeatmet	13	60	80
15) Gymnastikübungen gemacht	13	53	80

Die Items 2 und 12 wurden wegen Inhaltsgleichheit mit
anderen Items nicht ausgewertet.

Tabelle: 32

Darstellung der Antworthäufigkeiten für die Versuchsgruppe 2
(n=15). Angaben in Prozenten für die Skala "Verhalten bei
Auftreten der herzbezogenen Beschwerden".

Bei Auftreten der herzbezogenen Beschwerden habe ich:	t_1	t_2	t_3
1) Den Notarzt angerufen, die Rettung angerufen, mit Partner (bzw. Ehepartner) in das nächste Krankenhaus gefahren	100	72	13
3) Den Nachbar aufgesucht, den Ehepartner oder Freunde verständigt	100	64	20
4) Mich entspannt	0	47	73
5) Die Arbeit unterbrochen, mich geschont, niedergelegt	87	80	60
6) Beruhigungstabletten eingenommen	100	33	33
7) Herzwirksame Tabletten eingenommen	100	20	20
8) Versucht mich abzulenken	23	87	93
9) Wein (Alkohol) getrunken	53	7	7
10) Das Fenster geöffnet, um frische Luft zu bekommen	80	100	100
11) Fremde Leute um Hilfe gebeten	87	33	13
13) Mich wie gelähmt gefühlt und war nicht imstande mich zu bewegen	100	40	27
14) Tief durchgeatmet	0	60	77
15) Gymnastikübungen gemacht	0	53	77

Die Items 2 und 12 wurden wegen Inhaltsgleichheit mit
anderen Items nicht ausgewertet.

Interpretation

Die Ergebnisse werden in der Richtung interpretiert, daß
die klassischen Techniken, sowie die kognitiven Verfahren
der Verhaltenstherapie einen Einfluß auf die Veränderung
der typischen Verhaltensweisen der Herzangstpatienten haben. Die angewandten Methoden haben weiters den Vorteil,
daß sie eine schnelle Wirkung haben, wie aus der Tabelle
ersichtlich ist. Diese zeigt, daß beim "Verhalten bei Auftreten der Beschwerden" bereits zwischen den Zeitpunkten
t_1 und t_2 ein hochsignifikanter Unterschied zu beobachten
ist. Das bedeutet, daß es den Patienten bereits nach kurzer
Zeit gelungen ist, ihre Verhaltensauffälligkeiten in der
Weise zu ändern, daß sie bei Wahrnehmung der herzbezogenen
Beschwerden sich entspannen, sich von ihrer Arbeit nicht ab-
lenken, das heißt nicht schonen und auch nicht einen Notarzt rufen in der Angst, an einem drohenden Herzinfarkt
zu leiden.

RICHTER und BECKMANN (1973) berichten über eine Untersuchung
wo von N=80 Patienten 30 % arbeitsunfähig waren. Die Auf-
hebung der Leistungsfähigkeit ist nicht nur eine Folge
des zwanghaften Schonverhaltens, sondern sie ermüden tatsächlich rascher. Die Herzangstpatienten fühlen sich vorallem Streßsituationen hilflos ausgeliefert. Durch das Erlernen der progressiven Muskelrelaxation wird es ihnen wieder möglich mit komplexeren Situationen fertig zu werden.
Der rasche Erfolg der Therapie hat auch insofern Bedeutung,
daß die Patienten nicht mehr genötigt sind aus dem Arbeits-
prozeß auszusteigen, denn nach dem stationären Aufenthalt
sind sie wieder in ihre Berufe gegangen.

ad) Hypothese 9

Es wird angenommen, daß sich die Versuchsgruppe 2, welche zusätzlich eine kognitive Therapie erhält von der Versuchsgruppe 1 hinsichtlich der Dimension "phobisches Verhalten" und "Verhalten bei Auftreten der herzbezogenen Beschwerden" zum Zeitpunkt t_3 signifikant unterscheide

In der folgenden Tabelle sind die mittels t - Tests für unabhängige Stichproben errechneten p-Werte eingetragen.

Tab. 33. Ergebnisse der t - Tests für unabhängige Stichproben. Vergleich der Versuchsgruppe 1 und 2 zum Zeitpunkt der Entlassung (n=30) (Signifikanztabelle).

	t_3
Phobisches Verhalten	.079
Verhalten bei Auftreten der herzbezogenen Beschwerden	.163

* = 0,05 = 5 %
** = 0,01 = 1 %

Aus der Tabelle ist ersichtlich, daß sich die beiden Versuchsgruppen, hinsichtlich Verhaltensänderungen in positiver Richtung am Tag der Entlassung nicht voneinander unterscheiden.
Aufgrund der Ergebnisse muß die Alternativhypothese verworfen werden.

Interpretation

OBERHUMMER et. al. (1979) heben die Bedeutung der kognitiven
Umstrukturierung in der Therapie des Herzangstsyndroms hervor.

Der mangelnde Effekt der kognitiven Therapie dürfte insofern
interpretiert werden, daß Herzangstpatienten im akuten Sta-
dium im intellektuellen Bereich nicht belastbar sind.

RICHTER und BECKMANN (1973) untersuchten 44 Herzangstpatienten
und die Ergebnisse zeigten, daß die Probanden vorallem im abstrakten Denken einen enormen Leistungsabfall demonstrierten.
Durchschnittlich intelligente Herzangstpatienten erreichen
unter Belastung Leistungen, die denen von Schwachsinnigen
entsprechen (RICHTER und BECKMANN, 1973, S. 90).
Im Rahmen einer Nachuntersuchung wäre es interessant, ob
die allgemeine Besserung der Probanden bei beiden Versuchsgruppen in gleicher Weise aufrechterhalten bleibt.

SCHORR, (1984) betont, daß nicht zuletzt die genauere Kennt-
nis kognitiver und emotionaler Aspekte des Lernens in Zu-
kunft eine wesentliche Voraussetzung für die klientenbezogene
Planung therapeutischer Maßnahmen sind und für die weiteren
Forschungsvorhaben von Bedeutung sind.

Zusammenfassung der Arbeit

In dieser Studie wird die Effektivität verschiedener verhaltenstherapeutischer Techniken auf den Therapieverlauf
von Herangst-Patienten theoretisch und empirisch untersucht.

Im theoretischen Teil, welcher aus drei Kapiteln besteht,
wird zunächst auf die Problematik der Begriffsbestimmung
des Herzangstsyndroms eingegangen und im Anschluß eine
kritische Übersicht der neuersten Literaturergebnisse
über Häufigkeit, Altersverteilung und Persönlichkeitsstruk-
tur vorgelegt, sowie die verschiedenen Standpunkte hinsichtlich der Ätiopathogenese dargestellt.
Im zweiten Abschnitt werden die Grundlagen der Lerntheorie
und Beispiele zur klinischen Anwendung vorgestellt. Weiters
werden jene verhaltenstherapeutischen Verfahren, die in
unserer klinischen Untersuchung zur Anwendung kamen, wie
die Systematische Desensibilisierung, die Progressive Muskelrelaxation und das Operante Konditionieren im Detail beschrieben. Daurauf folgt ein lerntheoretisches Erklärungsmodell für das Herzangstsyndrom.
Im letzten Abschnitt des theoretischen Teiles werden verschiedene kognitive Therapien und deren Anwendung aus der
Literatur diskutiert, wobei ich im besonderen auf die Bedeutung der Attributionstheorie eingehe.

Der empirische Teil dieser Arbeit bringt die Ergebnisse
einer an 45 Patienten durchgeführten Untersuchung. Jeweils
15 wurden mit verschiedenen therapeutischen Kombinationen
behandelt. Es ergab sich, daß die Kontrollgruppe, die nur

Psychopharmaka erhielt, den schlechtesten Therapieerfolg
zeigte, während die beiden Versuchsgruppen, welche verhaltenstherapeutisch behandelt wurden, gute Ergebnisse erbrachten.

Hinsichtlich der geschlechtsspezifischen Unterschiede
zeigten sich bei den Frauen sowohl signifikant stärker
ausgeprägte Beschwerden, als auch eine in höherem Maße
gestörte Befindlichkeit und Angstzustände, andererseits
aber eine raschere Besserung der gesamten Beschwerdesympto-
matik im Therapieverlauf.

Hinsichtlich des phobischen Verhaltens und des Verhaltens
beim Auftreten der herzbezogenen Beschwerden war für beide
Geschlechter in gleicher Weise eine Besserung feststellbar.
Die erwarteten Unterschiede zwischen traditionellen Verfahren und kognitiven Techniken kamen jedoch nicht zur Darstellung.

Ich schließe mich der Auffassung an, daß die kognitiven
Verfahren eine sinnvolle Ergänzung zu den traditionellen
Verfahren darstellen und nicht aber diese ersetzen können
(JOHNSON und SECHREST, (1978); MEICHENBAUM, (1972).

LITERATURVERZEICHNIS

BANDURA, A.: Principles of behavior modification. New York, Holt, Rinehart and Winston, 1969.

BANDURA, A.: Lernen am Modell. Klett, Stuttgart, 1976.

BACHRACH, A.J.: Some applications of operant conditioning to behavior therapy. In: The Conditioning Therapies. Hrsg.: J. Wolpe, A. Salter, L.J. Reyna. Holt, Rinehart and Winston, New York, 1964.

BAUMEYER, F.: Der psychogene akute Herzanfall. Psychosom. Med. XII, 1/1966.

BEARD, G.M.: Die Nervenschwäche (Neurasthenie), ihre Symptome, Natur, Folgezustände und Behandlung; Vogel, Leipzig, 1881. zit.: H.G. Zapotoczky, 1976, S.2.

BECHTEREW, V.M.: Über Zwangsphobien und ihre Heilung. R. Wratsch, Nr. 14 (russ.) 1915.

BECHTEREW, V.M.: Über die therapeutische Bedeutung der Anlernung von Assoziationsreflexen bei hysterischen Anästhesien und Lähmungen. Obosrenije Psychatrii, Nr. 11, 12 (russ.) 1912c. zit.: in Schorr, A. Beltz 1984.

BECK, A.T.: Depression. Clinical, experimental and theoretical aspects. New York, 1967.

BECK, A.T.: Cognitive Therapy and Emotional Disorders. New York, 1976.

BECK, A.T.: Depression. Clinical, experimental and theoretical aspects. Hoeber, New York, 1967. Wiederveröffentlichung unter dem Titel: Depression: Causes and treatment, University of Pennsylvania Press, Philadelphia, 1972.

BECKMANN, J.L.: "Effects of Students", Performance on Teachers and Observers Attributions of Causality. J. of Educational Psychology, 1970, 61: 76-82.

BERGOLD, J., D. KALLINKE, D.: Lerntheoretische Überlegungen zur psychosomatischen Medizin. Fortbildungskurse der Schweiz, Ges. f. Psychol. 1973.

BIRBAUMER, N.: Psychophysiologie der Angst. Urban u. Schwarzenberg, Wien, 1977.

BINSWANGER,R .: zit. in MICHAELIS, R.: Das Herzangstsyndrom. 1970, S. 65.

BORKOVEC, T.D.: The role of expectancy and physiological feedback in fear research. In: N.E. Miller et al. (Eds.): Biofeedback and Self Control. Aldine, Chicago, 1974.

BOWLBY, J.: Separation anxiety. Int. J. Psychoanal. 41/1960/ 89.

BRÄUTIGAM, W.: Typus, Psychodynamik und Psychotherapie herzphobischer Zustände. Psychosom. Med. X, 4/1964, S. 276.

BRÄUTIGAM, W., P. CHRISTIAN:Psychosomatische Medizin. Thieme, Stuttgart 1981.

BROGDEN, W.J.: Sensory preconditioning. J. exp. Psych. 25, 1939, 323.

BÜHLER, K.: Die Krise der Psychologie, Stuttgart, G. Fischer, 1965.

CANNON, W.B.: Bodily changes in pain, hunger, fear and rage, 2. Aufl. Harper and Row, New York, 1963.

CIPS:(Collegium Internationale Psychiatriae Scalarum, Hrsg.): Internationale Skalen für Psychiatrie, CIPS: Berlin, 1977.

CLAUS, G., EBNER H.: Grundlagen der Statistik. Verlag Harri Deutsch. Frankfurt am Main und Zürich, 1965.

COBB, S.: Borderlands of Psychiatry. Cambridge, Harvard Univ. Press, 1943.

COOKE, G.: Evaluation of the efficacy of the components of reciprocal inhibition psychotherapy. J. abnorm, soc. Psychol. 73 (1968) 464.

COHEN, M.E., P.D. WHITE: Life situations, emotions and neuro-circulatory asthenia (anxiety neurosis, neurasthenia, effort syndrome), Psychosom. Med. 13, 335-357, 1951.

CRAIG, H.R., P.B. WHITE: Etiology and symptoms of neurocir-culatory asthenia. Arch. intern. Med. 53: 633, 1934.

CREMERIUS, J.: Die Prognose funktioneller Syndrome. Enke, Stuttgart, 1963.

DAVISON, G.C.: Systematic desensitization as a counter
conditioning Process. J. of Abnormal Psychology, 1968b, 73, 91-99.

DAVISON, G.C.: Appraisal of behavior modification techniques
with adults in institutional settings. In:
Behavior Therapy: Appraisal and Status, Hrsg.:
C.M. Franks. Mc Graw-Hill New York, 1969.

DAVISON, G.C., VALINS.: Maintenance of self-attributed and
drug attributed behavior change. J. Personality soc.
Psychol. 1969, 11, 25-33.

DAVISON, G.C., TSUJIMOTO, R.N., GLAROS, A.G.: Attribution
and the maintenance of behavior change in
falling asleep. J. abnorm. Psychol. 1973, 82,
124-133.

DEBLER, W.F.: Attributionsforschung. Kritik und kognitiv-
funktionale Reformulierung. AVM-Verlag, Salzburg, 1984.

DELIUS, L.: Psychosomatische Aspekte bei Herz- und Kreislaufstörungen. Psychosom. Med. X, 4/1964.

DELIUS, L.: Psychovegetative Syndrome. Thieme, Stuttgart,
1966.

DSM-III: Diagnostisches und statistisches Manual Psychischer
Störungen, American Psychiatric Association,
Washington, USA, 1980.

DORCUS, R.M., G.W. SHAFFER: Textbook of abnormal psychology.
        1st Ed. 1934, Baltimore.

DUNLAP, K.: Habits, their making and unmaking. New York,
        1932; zit in Schorr, A. 1984.

ELIG, T.W., I.H. FRIEZE: A multi-dimensional scheme for
        coding and interpreting perceived causality
        for success and failure events: The Coding
        Scheme of Perceiving Causality (CSPC) Cat of
        select Doc in Psychol. 1975, 5, 313.

ELLIS, A.: Reason and emotion in psychotherapy. Lyle Stuart,
        New York 1962.

ELLIS, A.: Humanistic psychotherapy: the rational-emotive
        approach. New York, 1974.

EMMELKAMP, P.M.G.: Self observation versus flooding in the
        treatment of agoraphobia. Behav. Res.
        Ther., 1974, 2, 229-238.

ENGEL, B.T., A. CHISM.: Operant conditioning of heart rate
        speeding. Psychophysiolog. 3, 418, 1967.

EYSENCK, H.J.: Learning theory and behavior therapy. J. Ment.
        Sci. 105, 61-75., 1959.

EYSENCK, H.J.: Experiments in Behaviour Therapie. Pergamon,
        Oxford, 1964.

FEIGL, H.: Leib- Seele, kein Scheinproblem. In: H.G. Gadamer,
        P. Vogler Hrsg.: Neue Anthropologie, Bd. 5: Psycho-
        logische Anthropologie, Stuttgart, Thieme, 1973.

FLIEGEL, F., W.M. GROEGER, KÜNZEL R., SCHULTE D. und
         SORGATZ S.: Verhaltenstherapeutische Standard-
         methoden. Ein Übungsbuch. München (Urban und
         Schwarzenberg) 1981.

FLORIN, I, TUNNER W. (Hrsg.): Therapie der Angst. Fortschritte
         der klin. Psychophysiologie, Bd. 8. , U & S, Mün-
         chen 1975.

FREUD, S.: Gesammelte Werke in Einzelbänden; Fischer, Frank-
         furt am Main, 1969.

FREUD, S.: Über die Berechtigung, von der Neurasthenie einen
         bestimmten Symptomkomplex als "Angstneurose" abzu-
         trennen (1895 I, 1894 I) Studienausgabe, Bd. VI.
         S. 52ff. Fischer, Frankfurt, 1971.

FREY, D.: Kognitive Theorien der Sozialpsycholgie. Bern, 1978.

FRIEDBERG, CH. K.: Erkrankungen des Herzens. 2. Aufl. Thieme,
         Stuttgart, 1956.

FRIEDREICH, N.: Krankheiten des Herzens; in Virchows Hand-
         buch der speziellen Pathologie und Therapie,
         Band V/2, S. 1, Enke, Erlangen, 1789.

FRIEZE, I., B. WEINER: Cue utilization and attributional
         judments for success and failure. J. of Per-
         sonality. 1971, 39, 591-605.

FOA, E.B. (1980): in: STRIAN, F.: Angst. Springer, Berlin,
         Heidelberg, New York, Tokio 1984.

FURSTENAU, P., E. MAHLER, H. MORGENSTREN, H. MÜLLER-BRAUN-
SCHWEIG, H.E. RICHTER, R. STAEWEN.: Untersuchungen über Herzneurosen Psyche (Heidelberg) 18, 1964, 177.

GALSTER J.V., K.F. DRUSCHKY: Bedingungen für Indikatorfragen
zur Einschätzung des Patientenverhaltens. Ein
Versuch der Quantifizierung der präoperativen
psychischen Situation des chirurgischen Patienten: In: RÜGHEIMER E. (Hrsg.): Kongreßbe-
richt der Deutschen Gesellschaft für Anästhesie
und Wiederbelebung. Straube: Erlangen, 1975.

GATTERER G., J. GRÜNBERGER, B. GÜTTEL, D. NUTZINGER, I. OBER-
HUMMER, G. STROBL, E. TITSCHER, H.G. ZAPOTOCZKY: Psychosoziale
und verhaltensorientierte Aspekte des Herzangstsyndroms. Unveröffentlichte Studie, Psych. Univ.
Klinik, Wien, 1981.

GEBSATTEL, V.E.: zit. in MICHAELIS, R. Das Herzangstsyndrom.
1970, S. 65.

GIRODO, M.: Film induced arousal, information search and the
attribution process. J. Pers. soc. Psych. 25,
357-360, 1973.

GLOOR, P.A.: Etude psychomatique de 200 cas de dystone- neurovegetative. Schweiz. Med. Wochenschrift, 1955:
120.

GOLDFRIED, M.R., P. SOBOCINSKI.: Effect of irrational beliefs
on emotional arousal. J. consult. clin.
Psychol. 1975, 42, 504-510.

GRAY, J.A.: The psychology of fear and stress, World University
Library, Mc Graw Hill, London, 1971.

GROEBEN, N., B. SCHEELE, B.: Argumente für eine Psychologie des reflexiven Subjekts, Darmstadt, 1977.

GROSS, W.M.: Mental health survey in a rural area. Eugen. Rev. 40:140, 1948.

HAMILTON, M.: 048 HAMA Hamilton Anxiety Scale. In W. Guy (Hrsg.) ECDEU Assessment Manual for Psycho-pharmacology. National Institute of Mental Health, Rockville, 1976, verb. Auflage.

HÄFNER, H.: Die existentielle Depression. Arch. Psychiat. 191: 351, 1954.

HEIDER, F.: The Psychologie of Interpersonal Relations: New York, 1958.

HEIDER, F.: Psychologie der interpersonalen Beziehungen. Klett, Stuttgart, 1977.

HERKNER, W.: Attribution- Psychologie der Kausalität. Bern, Stuttgart, Wien, Huber 1980.

HULL, C.L.: Principles of behavior. Appleton-Century-Crofts, New York, 1943.

ICD-9.: Diagnoseschlüssel und Glossar psychiatrischer Krank-heiten (9. Rivision des ICD), Springer, Berlin, Hei-delberg, New York 1980.

JACOBSON, E.: Progressive Muskelrelaxation. University of Chicago Press, Chicago 1929.

JASPERS, K.: Allgemeine Psychopathologie; 7. Aufl. Springer, Berlin, 1959.

JOHNSON, T.J., FEIGENBAUM, R., WEIßY, M.: Some determinations and consequences of the teacher´s perception

of causation. J. of Educational Psychology,
1964, 55, 237-246.

JONES, M.C., V. MELLERSH.: A comparison of the Exercice
response in anxiety states and normal controls.
Psychosom. Med. 8, 180-187, 1946.

JONES, E.E., L. ROCK, K.G. SHAVER, R. GOETHELS, L.M. WARD.:
Pattern of Performance and Ability Attribution:
An Unexpected Primacy Effect, J. of Personality
and Social Psychology, 1968, 10: 317-340.

JORSIWIECK, E., J. KATWAN.: Neurotische Symptome. Eine Statistik über Art und Auftreten in den Jahren 1947,
1956 und 1965. Z. Psychosom. Med. 13 (1967) 12.

KANFER, F.H., G. SASLOW.: Behavioral diagnosis; in Franks
Behavior therapy: appraisal and status (Mc
Graw-Hill), New York 1969.

KANFER, F.H. et al.: Source of feedback, observational
learning and attitude change. J. Pers.
soc. Psych. 25, 381-389, 1974.

KANFER, F.H., J.S. PHILLIPS.: Lerntheoretische Grundlagen der
Verhaltenstherapie. Kindler, München, 1975.

KANFER, F.H., A.P. GOLDSTEIN.: Möglichkeiten der Verhaltensänderung. Urban und Schwarzenberg, München-
Wien- Baltimore 1977.

KAROLY, P.: Operante Methoden. In: Kanfer, F.H., A.P. Goldstein: Möglichkeiten der Verhaltensänderung.
Urban und Schwarzenberg, München. Wien, Baltimore, 1977.

KELLEY, H.H.: Attribution in social interaction. New York, 1971.

KELLEY, H.H.: Causal schemata and the attribution process. New York, 1972.

KIMBLE, G.: Hilgard and Marquis, Conditioning and Learning. Appleton-Century-Crofts, New York, 1961.

KIMBLE, G.: Foundations of Conditioning and Learning. Appleton-Century-Crofts, New York, 1961.

KLIX, F.: Information und Verhalten. Bern, 1976.

KLICPERA, CHR., F. STRIAN.: Die vegetative Wahrnehmung bei Angstreaktionen. Z. Klin. Psych. Psychotherap. 28, 1980, 164-173.

KOEPCHEN, H.P.: Diskussionsbemerkung zu H.E. RICHTER: Zur Psychoanalyse der Angst. In. Aspekte der Angst, Starnbergergespräche, 1964. Thieme, Stuttgart, 1965.

KOPEL, S., H. ARKOWITZ.: The role of attribution and self-perception in behavior change: implications for behavior therapy. Genet. Psychol. Monogr. 1975, 92, 175-212.

KUKLA, A.: The cognitive Determinants of Achieving Behavior, California University, 1970.

KULENKAMPFF, C., A. BAUER.: Über das Syndrom der Herzphobie. Nervenarzt 31, 443, 496, 1960.

KUNERT, W.: Wirbelsäule und Innere Medizin. Enke, Stuttgart, 1975.

LANG, P.J., A.D. LAZOVIK.: Experimental desensitization of a phobia. J. of Abnormal and Social Psychology, 1963, 66, p. 519-525.

LANG, P.J.: Fear reduction and fear behavior: Problems in treating a construct. Res. Psychother. 3, 90-102, 1968.

LANG, P.J.: The application of psychophysiological methods to the study of psychotherapy and behavior modification. In: Handbook of psychotherapy and behavior change. Eds.: Bergin, A.E., Garfield, S.L., WILEY, New York, 1971, pp. 75-125.

LAZARUS, A.A.: A new method in psychotherapy: a case study. S. Afr. med. J. 33, 1958, 660.

LAZARUS, A.A.: Behavior therapy and beyond. New York, 1971.

LAZOVIK, A.D., P.J. LANG.: A laboratory demonstration of systematic desensitization psychotherapy. J. of Psychological Studies, 1960, 11, 238-247.

LEDWIGE, B.: Cognitive behavior modification: A step in the wrong direction? Psychol. Bull. 85/353-375, 1978.

LEHRL S., L. BLAHA, H. ERZIGKEIT.: Einfluß zum Oxprenolol auf die Affektlage in einer Prüfungssituation. Arzneimittelforschung (Drug Ress.) 27 (1977) 429-435.

LEWIT, K.: Manualtherapie im Rahmen medizinischer Rehabili-
         tation,Urban & Schwarzenberg, München, Berlin,
         Wien, 1977.

LIEBHART, E.H.: Attributionstherapie. Zeitschr. f. Klin.
         Psych. 1976, 4, 287-307.

LIEBHART, E.H.: Therapie als kognitiver Prozeß. Handbuch der
         Psychologie. Bd. 8/2. Göttingen, 1978,
         S. 1785-1819.

MAHONEY, M.: Cognition and behavior modification. Ballinger,
         Cambridge 1974.

MAHONEY, M.J.: Experimental Methods and outcome evaluation.
         J. Consult. Clin. Psychol. 46, 660-672, 1978.

MAHONEY, M., D. ARNKOFF.: Cognitive and self-control thera-
         pies. In: Garfield, S. and Bergin, A. (Eds.)
         Handbook of psychotherapy and behavior change.
         689-722, New York, 1978.

MAHONEY, M.J., A.E. KAZDIN.: Cognitive behavior modification:
         Misconceptions and premature evaluation.
         Psychol. Bull. 86, 1979, 1044-1049.

MARKS, I.M.: Behavioral treatment of phobic and obsessive
         compulsive disorders: A critical appraisal.
         In: Progress in behavior modification. Eds.:
         Hersen, M., Eisler, R.M., Miller, M. Academic
         Press, New York, 1975, pp 66-158.

Mc LEAN, P.D., J.M. DELGADO.: Electrical and chemical stimu-
         lation of frontotemporal portion of limbic
         system in the animal. Electroenceph. clin.
         Neurophys. 5: 91/1953.

MECHELKE, K., P. CHRISTIAN: Vegetative Herz- und Kreislauf-
           störungen. In Handbuch für innere Medizin,
           Springer, Berlin, 1960.

MEICHENBAUM, D.: Cognitive modification of test anxious
           college students. Journal of Consulting
           and Clinical Psychology, 1972, 39, 370-380.

MEICHENBAUM, D.: Kognitive Verhaltensmodifikation. Urban &
           Schwarzenberg; München, Wien, Baltimore,
           1979.

MEYER, A.: Fundamental conception of dementia praecox. J.
           Nerv. Ment. Dis. 34, 331-336, 1908.

MEYER, V., E.S. CHESSER.: Verhaltenstherapie in der klini-
           schen Praxis. Georg Thieme Verlag, Stuttgart, 1971.

MICHAELIS, R.: Das Herzangstsyndrom. S. Karger, Basel, Mün-
           chen, Paris, 1970.

MILLER, G.A., E. GALANTER, K.H. PRIBRAM.: Plans and the
           structure of behavior. Holt, Rinehart and
           Winston, 1960.

MORRIS, R.J.: Methoden der Angstreduktion.: in Kanfer, F.H.
           und Goldstein, A.P.: Möglichkeiten der Ver-
           haltensänderung. Urban und Schwarzenberg, Wien-
           München- Baltimore, 1977.

NUTZINGER, D.O.: Herzphobie. Die Heilkunst, 96. Jg, Heft 5,
           1983.

OBERHUMMER, I., GRÜNBERGER, H. TILSCHER, H.G. ZAPOTOCZKY.:
           Somatisch bedingte Beschwerden beim Herzangst-
           syndrom. Fortschritte der Med. 97, 15, 709-713,
           1979.

OPPOLZER, J.: Krankheiten des Herzens und der Gefäße.
Enke, Erlangen 1867.

OSGOOD, C.E.: Method and Theory in Experimental Psychology.
Oxford University Press, London, 1953.

PAUL, G.L.: Insight vs. desensitization in psychotherapy.
Standford calif.: Standford University Press,
1966.

PAUL, G.L.: Insight vs desensitization in psychotherapy two
years after termination. J. of Consulting Psychology, 1967, 31. 333-348.

PFLANZ, M.: Sozialer Wandel und Krankheit. Enke, Stuttgart,
1962.

PAVLOV, I.P.: Conditioned Reflexes. Oxford University Press,
London, 1927.

PRIBRAM, K.H.: A neurophysiological model. In: Expressions
of the emotions in man. Hrsg.: von P.H. Knapp,
International Univ. Press. New York 1963.

QUEKELBERGHE, R.v.: Grundlegung und Entwicklung von kogni-
tiven Therapien. In: Fortschritte der
Klinischen Psychologie, 20. Urban und
Schwarzenberg, 1979, S. 2.

RACHMANN, S., J. BERGOLD.: Verhaltenstherapie bei Phobien.
Urban und Schwarzenberg, München- Wien- Baltimore, 1976.

REIMANN, H.A.: Diskussionsbemerkung zu Wheeler: Neuro-
circulatory asthenia (anxiety neurosis,
effort syndrome, neurasthenia) J. Amer.
med. Ass. 142, 1950, 889.

RICHTER, H.E., D. BECKMANN.: Herzneurose. Thieme, Stuttgart, 1969. 2. Aufl. 1973.

REINECKER, H.: Selbstkontrolle. Verhaltenstheoretische und
kognitive Grundlagen, Techniken und Therapie-
methoden. Beiträge zur klinischen Psychologie.
Otto Müller Verlag, Salzburg, 1978.

ROSENBAUM, R.M.: A dimensional analysis of the perceived
causes of success and failure. Unpubl. doct.
diss. U.C.L.A., 1972.

ROSS, L., J. RODIN, P.G. ZIMBARDO.: Ein Beitrag zur Attributionstherapie: Angstreduktion durch induzierte
kognitive -emotionale Fehlattribution. J. of Personality and Social Psychology, 1969, 12, 279-288.
In : Herkner, 1980, S. 295.

ROTH, W.F., F.H. LUTON.: The mental health program in
Tenesse. Am. J. Psych., at. 99: 662, 1943.

ROTTER, J.B.: Social learning and clinical psychology.
New Jersey, 1954.

SAWREY, W.L., CONGER, J.J., TURBEL, E.S.: Experimental in-
vestigation of the role of psychological factors in
production of gastric ulcers in rats. J. comp.
physiolog. Psychol. 49, 1956, 457.

SCHACHTER, S., J. SINGER.: Cognitive, social and physiological determinations of emotion. Psychological Review, 1962, 69, 379-399.

SCHACHTER, S., L. WHEELER.: Epinephrine, Chlorpromazine
and amusement. J. of Abnormal and Sozial
Psychology, 1962, 65, 121-128.

SCHULTZ-HENCKE, H.: Der gehemmte Mensch. Thieme, Stuttgart,
1947.

SCHORR, A.: Die Verhaltenstherapie. Beltz, Weinheim und Basel, 1984.

SIDMANN, M.: Operant techniques. In: Experimental foundation
of Clinical Psychology, Hrsg.: von A. Bachrach.
Basic books. New York, 1962.

SKINNER, B.F.: The Behavior of Organisms. Appleton-Century-
Crofts, New York, 1938.

SKINNER, B.F.: Contingencies of reinforcement. Appleton,
New York, 1969.

SOLOMON; R.L., WYNNE,L.C.: Traumatic avoidance learning.
the principal of anxiety conservation and
partial irreversibility. Psychol. Rev. 61,
1954.

SPREEN, O.: MMPI-Saarbrücken, Handbuch und Testmaterial,
Bern, Stuttgart, Huber, 1963.

STOKES, W.: Die Krankheiten des Herzens und der Aorta.
Stahel, Würzburg, 1855.

STRIAN, F., CHR. KLICPERA.: Die Bedeutung psychoautonomer
Reaktionen für die Entstehung und Persistenz
von Angstzuständen. Nervenarzt 49, 1978,
576-583.

STRIAN, F.: Angst. Springer, Berlin, 1983.

SZYMAŃSKI, J.S.: Versuche über die Wirkung der Faktoren,
die als Antrieb zum Erlernen einer Handlung
dienen können. Pflügers Arch. ges. Physiol.
171, 374-385, 1918.

TILSCHER, H.: Diagnostische und therapeutische Überlegungen
bei nicht entzündlichen Schmerzsyndromen des
Bewegungsapparates. Euler, Basel, 1975.

THORPE, G.L.: Short-term effectiveness of systematic desensitization, modeling and behavior rehearsal,
and self- instructional training in facilitating
assertive refusal behavior. Diss. Rutgers Univ.,
1973.

THORPE, G.L.: Desensitization, behavior rehearsal, self- instructional training and placebo effects on
assertive refusal behavior. Europ. J. Behav.
Modif: 1975, 1, 30-40.

THORPE, G.L., H.I. AMATU, R.S. BLAKEY, L.E. BURNS. Contri-
bution of overt instructional rehearsal and
"specific insight" to the effectiveness of
self- instructional training: A preliminary
study. Behav. Therap. 1976, 7, 504-511.

TOMPKINS, E.H., C.C. STURGIS, J.T. WEARN.: Studies in
         epinephrine. Arch. intern. Med. 24,
         247-268, 1919.

TUNNER, W.: Die Behandlung neurotischer Ängste durch Selbst-
         wahrnehmung, Selbstinstruktion und Probehandeln.
         Experimentelle Ergebnisse und klinische Beobach-
         tungen. Vortrag auf dem 30. Kongreß der DGfPs
         in Regensburg, 1976.

TURNER, L.H., SOLOMON, R.L.: Human traumatic avoidance
         learning: theory and experiments on the
         operant- respondent distriction and failure
         to learn. Psychol. Monogr. Nr. 76, 559, 1962.

ULLMANN, L.P., L. KRASNER (Hrsg.): Case Studies in Behavior
         Modification, Holt, Rinehart and Winston,
         New York, 1965.

UEXKÜLL, TH. v.: Funktionelle Herz- und Kreislaufstörungen.
         II. Internistentagung, Jena- Halle- Leipzig.
         (1959). VEB Thieme, Leipzig, 1962.

UEXKÜLL, TH. v.: Funktionelle Krankheitsbilder in der inneren
         Medizin. Der Landarzt 42. Jg. 1966, H. 26.
         1125-1131.

VALLE, V., I. FRIEZE.: Stability of causal attribution as a
         in changing expectations for success. J. Pers.
         Soc. Psychol. 1976, 33, 579-587.

VOGEL, G. (1764): zit. in MICHAELIS, R.: Das Herzangstsyndrom,
         1970, S. 10.

WATSON, J.B.: Behavior and the concept of "mental disease".
J. Phil. Psychol. 13, 589-596: zit. in Schorr,
A. 1984.

WEIN, K.S., NELSON, R.O., J.V. ODRON.: The relative contri-
butions of reattribution and verbal extinction
to the effectiveness of cognitive restructuring.
Behav. Ther. 1975, 6, 459-474.

WEINER, B., KUKLA, A.: An Attributional Analysis of Achieve-
ment Motivation. J. of Personality and Social
Psychology, 1970, 15: 1-20.

WEINER, B., I. FRIEZE, A. KUKLA, L. REED, R.M. REST, R.M.
ROSENBAUM.: Perceiving the causes of success
and failure. In: Eds. E.E. Jones, D.E. Kanouse,
H.H. Kelly, R.E. Nisbett, S. Valins, B. Weiner.
Attribution, Morristown, N. Y. 1972.

WEINER, B., RUSSEL, D., D. LERMAN.: Affective consequences
of causal ascriptions. In: Harvey, Ickes and
Kidd (Eds.). New Directions in Attribution Research II. Hillsdale, New Jersey, 1978.

WEINER, B.: A theory of motivation for some classroom ex-
periences. J. educ. Psychol. 1979, 71, 3-25.

WENGER, M.A.: Studies of autonomic balance: A summary.
Psychophysiol. 2, 173-186, 1966.

WIMMER, H., J. PERNER, J.: Kognitionspsychologie. Stuttgart,
Kohlhammer, 1979.

WITTKOVER, E., T.E. RODGER.: Effort syndrome. Lancet 1941,
          I/ 531.

WHEELER, E.O., WHITE, P.D., E. REED, COHEN; M.E.: Familial
          incidence of neurocirculatory asthenia
          (anxiety neurosis, effort syndrome) Clin.
          Invest. 27, 1948.

WHEELER, E.O., WHITE, P.D., REED, E.W., COHEN, M.E.:
          Neurocirculatory asthenia (anxiety neurosis,
          effort syndrome, neurasthenia). J. Amer. med.
          Ass. 1950, 142, 878.

WOLPE, J.: Experimental neurosis as learned behavior. Br. J.
          Psychol. 43, 243, 1952.

WOLPE, J.: Psychotherapy by reciprocal inhibition. Standford
          University Press, 1958.

WOLPE, J., A.A. LAZARUS.: Behavior therapy techniques: A
          guide to the treatment of neurosis. Pergamon Press,
          Oxford, London, 1966.

WOLPE, J.: Praxis der Verhaltenstherapie. Huber, Bern, Wien,
          Stuttgart, 1972.

D´ZURILLA, T., GOLDFRIED, M.: Problem solving and behavior
          modification. J. abnorm. Psychol. 78 (1971),
          107-126.

Anhang

TESTBATTERIE

Sozialdaten

PATIENTENNUMMER

1. DIAGNOSE
Herzangst

FAMILIENNAME
VORNAME, TITEL

2. ALTER   3. STAND   4. BERUF

5. GESCHLECHT
   1 = männlich
   2 = weiblich

ADRESSE

TELEFON

6. PATIENT IST STATIONÄR AUFGENOMMEN
oo = nein
ja, seit ... Tagen

STATION

INTERVIEWER

7. INTERVIEWDATUM

Prüfungsnummer	Testcode	Patient/Proband laufende Nr.	Prüftag Nr.	Nr. der Messung	Prüf-stelle	Prüfer-Nr.

Code des Patienten / Probanden

Datum Tag Monat Jahr

Tageszeit Stunde Medikation

Initialen des Probanden (Patienten)

Unterschrift des Untersuchers

Anleitung
Im folgenden finden Sie eine Reihe von Eigenschaftspaaren. Bitte entscheiden Sie — ohne lange zu überlegen — welche der beiden Eigenschaften Ihrem **augenblicklichen Zustand** am ehesten entspricht. Machen Sie in das Kästchen **hinter der eher zutreffenden Eigenschaft ein Kreuz**. Nur wenn Sie sich gar nicht entscheiden können, machen Sie ein Kreuz in das Kästchen ‚weder — noch'.
Lassen Sie keine Zeile aus!

Bitte, hier anfangen (1.—14.)

Ich fühle mich jetzt:

	eher		eher		weder-noch
1. frisch		matt			
2. teilnahmslos		teilnahms-voll			
3. froh		schwermütig			
4. erfolgreich		erfolglos			
5. gereizt		friedlich			
6. entschlußlos		entschluß-freudig			
7. lustig		weinerlich			
8. gutgelaunt		verstimmt			
9. appetitlos		appetit-freudig			
10. gesellig		zurückge-zogen			
11. minderwertig		vollwertig			
12. entspannt		gespannt			
13. glücklich		unglücklich			
14. scheu		zugänglich			

hier fortsetzen (15.—28.)

Ich fühle mich jetzt:

	eher		eher		weder-noch
15. sündig		rein			
16. sicher		bedroht			
17. verlassen		umsorgt			
18. ausgewogen		innerlich getrieben			
19. selbstsicher		unsicher			
20. elend		wohl			
21. beweglich		starr			
22. müde		ausgeruht			
23. zögernd		bestimmt			
24. ruhig		unruhig			
25. schwunglos		schwung-voll			
26. nutzlos		unentbehr-lich			
27. schwerfällig		lebhaft			
28. überlegen		unterlegen			

Bitte prüfen Sie, ob Sie alle Punkte beantwortet haben!

Score Bf

Prüfungsnummer | Testcode | Patient/Proband laufende Nr. | Prüftag Nr. | Nr. der Messung | Prüf-stelle | Prüfer-Nr.

1 2 3 4 5 | 6 7 8 9 | 10 11 12 13 | 14 15 16 | 17 18 | 19 20 | 21 22

Code des Patienten/Probanden | Datum Tag | Monat | Jahr | Tageszeit Stunde | Medikation | Initialen des Probanden (Patienten)

23 24 25 26 | 27 28 | 29 30 | 31 32 | 33 34 | 35

1 2 3 4 5 | 6 7 8 9 10 | 11 12 13 14 15 16 17 18

19 20 21 22 23 | 24 25 26 27 28 | 29 30 31 32 33 34 35

Unterschrift des Untersuchers

CIPS

B-L

Anleitung

Bitte füllen Sie diese Beschwerden-Liste sorgfältig aus. Machen Sie ein Kreuz in eines der vier Kästchen rechts entsprechend der Stärke Ihrer Zustimmung bzw. Ablehnung! Beantworten Sie alle Punkte, lassen Sie keinen aus!

Bitte, hier anfangen (1.— 12.)

Ich leide unter folgenden Beschwerden:

hier fortsetzen (13.— 24.)

Ich leide unter folgenden Beschwerden:

Ich leide unter folgenden Beschwerden:	stark	mäßig	kaum	gar nicht	Ich leide unter folgenden Beschwerden:	stark	mäßig	kaum	gar nicht
1. Kloßgefühl, Engigkeit oder Würgen im Hals					13. Kreuz- oder Rückschmerzen				
2. Kurzatmigkeit					14. Innere Unruhe				
3. Schwächegefühl					15. Schweregefühl bzw. Müdigkeit in den Beinen				
4. Schluckbeschwerden					16. Unruhe in den Beinen				
5. Stiche, Schmerzen oder Ziehen in der Brust					17. Überempfindlichkeit gegen Wärme				
6. Druck- oder Völlegefühl im Leib					18. Überempfindlichkeit gegen Kälte				
7. Mattigkeit					19. Übermäßiges Schlafbedürfnis				
8. Übelkeit					20. Schlaflosigkeit				
9. Sodbrennen oder saures Aufstoßen					21. Schwindelgefühl				
10. Reizbarkeit					22. Zittern				
11. Grübelei					23. Nacken- oder Schulterschmerzen				
12. Starkes Schwitzen					24. Gewichtsabnahme				

Bitte prüfen Sie, ob Sie alle Punkte beantwortet haben!

Score B

| Prüfungsnummer | Testcode | Patient/Proband laufende Nr. | Prüftag Nr. | Nr. der Messung | Prüf- stelle | Prüfer-Nr. |

CIPS

Collegium
Internationale
Psychiatriae Scalarum

HAMA

Hamilton Anxiety
Scale[1]

| Code des Patienten/Probanden | Datum Tag | Monat | Jahr | Tageszeit Stunde | Medikation | | Initialen des Probanden (Patienten) |

Unterschrift des Untersuchers

Anleitung
Bitte jeweils nur die zutreffende Ziffer ankreuzen! Bitte alle Feststellungen beantworten!

Spalten jeweils: nicht vorhanden / gering / mäßig / stark / sehr stark — Werte 0 1 2 3 4

1. Ängstliche Stimmung — 0 1 2 3 4
Sorgen, Erwartung des Schlimmsten, furchtvolle Erwartungen, Reizbarkeit

8. Allgemeine somatische Symptome (sensorisch) — 0 1 2 3 4
Tinnitus (Ohrensausen, Ohrenklingen), verschwommenes Sehen, Hitzewallungen und Kälteschauer, Schwächegefühl, Kribbeln

2. Spannung — 0 1 2 3 4
Gefühl von Gespanntheit, Erschöpfbarkeit, Schreckhaftigkeit, Neigung zum Weinen, Zittern, Gefühl von Unruhe, Rastlosigkeit, Unfähigkeit, sich zu entspannen

9. Kardiovaskuläre Symptome — 0 1 2 3 4
Tachykardie, Herzklopfen, Brustschmerzen, Pochen in den Gefäßen, Ohnmachtsgefühle, Aussetzen des Herzschlags

3. Furcht — 0 1 2 3 4
vor Dunkelheit, vor Fremden, vor Alleingelassenwerden, vor Tieren, vor Straßenverkehr, vor Menschenmengen

10. Respiratorische Symptome — 0 1 2 3 4
Druck- oder Engegefühl in der Brust, Erstickungsgefühl, Seufzer, Dyspnoe

4. Schlaflosigkeit — 0 1 2 3 4
Einschlafschwierigkeiten, Durchschlafstörungen, Nicht-Ausgeruhtsein u. Abgeschlagenheit beim Aufwachen, Träume, Alpträume, Pavor nocturnus

11. Gastro-intestinale Symptome — 0 1 2 3 4
Schluckbeschwerden, Blähungen, Bauchschmerzen, Schmerzen vor oder nach dem Essen, Sodbrennen, Magenbrennen, Völlegefühl, saures Aufstoßen, Übelkeit, Erbrechen, Darmkollern, Durchfall, Gewichtsverlust, Verstopfung

5. Intellektuelle Leistungsbeeinträchtigung — 0 1 2 3 4
Konzentrationsschwierigkeiten, Gedächtnisschwäche

12. Uro-genitale Symptome — 0 1 2 3 4
Häufiges Wasserlassen, Harndrang, Amenorrhoe, Menorrhagie, Entwicklung einer Frigidität, Ejaculatio praecox, Libidoverlust, Impotenz

6. Depressive Stimmung — 0 1 2 3 4
Interessenverlust, mangelnde Freude an Hobbys, Niedergeschlagenheit, vorzeitiges Aufwachen, Tagesschwankungen

13. Neurovegetative Symptome — 0 1 2 3 4
Mundtrockenheit, Erröten, Blässe, Neigung zum Schwitzen, Schwindel, Spannungskopfschmerz, Gänsehaut

7. Allgemeine somatische Symptome (muskulär) — 0 1 2 3 4
Muskelschmerzen, Muskelzuckungen, Muskelsteifheit, Myoklonische Zuckungen, Zähneknirschen, unsichere Stimme, erhöhter Muskeltonus

14. Verhalten beim Interview[1] — 0 1 2 3 4
Zappeligkeit, Rastlosigkeit oder Hin- und Herlaufen, Händetremor, Augenbrauenfurchen, abgespanntes Gesicht, Seufzer oder beschleunigte Atmung, blasses Gesicht, Luftschlucken, Lidzucken, Tics, Schwitzen

Bitte prüfen Sie, ob Sie alle Feststellungen zutreffend beantwortet haben!

Score 1 ⬚,⬚ Score 2 ⬚,⬚ Score 3 ⬚⬚

gegenüber der Originalfassung geringfügig geändert

194

P.-Nr.:.........G.-Nr.:..........Dat.:.............Uhrzeit:......../........

VOM PATIENTEN AUSZUFÜLLEN:

Name:...........................Vorname:.................Alter:..............

Bitte schreiben Sie einmal,wie Ihnen im Augenblick zumute ist.Kreuzen Sie dabei
für jede der folgenden Eigenschaften diejenige Zahl an,die Ihrem jetzigen
Zustand am ehesten entspricht

Ich bin jetzt	ja stimmt genau (4)	stimmt ziemlich (3)	mittel (2)	stimmt kaum (1)	nein stimmt nicht (0)
gelassen	(4)	(3)	(2)	(1)	(0)
furchtsam	4	(3)	(2)	(1)	(0)
gespannt	4	3	(2)	(1)	(0)
ängstlich	4	(3)	(2)	(1)	(0)
nervös	(4)	(3)	(2)	(1)	(0)
beunruhigt	4	(3)	(2)	(1)	(0)
erregt	(4)	3	(2)	(1)	(0)
besorgt	(4)	(3)	(2)	(1)	(0)
unruhig	(4)	(3)	(2)	(1)	(0)
aufgeregt	(4)	(3)	(2)	(1)	(0)
bedrückt	(4)	(3)	(2)	(1)	(0)

FRAGEBOGEN - "PHOBISCHES VERHALTEN"

Name: Datum: Interviewer:

Bitte, machen Sie einen Kreis um das "JA", wenn diese
Antwort auf die entsprechende Aussage für Sie zutrifft
und das "NEIN", wenn die Aussage für Sie nicht zutrifft.
Bitte, beantworten Sie alle Aussagen so gut Sie können.

In letzter Zeit ist es mir unmöglich:

1) Allein zu Hause zu sein   JA   NEIN
2) Allein von zu Hause wegzugehen   JA   NEIN
3) Einsame Straßen bei Tag zu benützen   JA   NEIN
4) Zu reisen, wenn kein Arzt erreichbar
   ist   JA   NEIN
5) Allein spazieren zu gehen   JA   NEIN
6) Allein einkaufen zu gehen   JA   NEIN
7) Schlange in einem Kaufhaus zu stehen   JA   NEIN
8) In einem Wartezimmer zu sitzen   JA   NEIN
9) Mit öffentlichen Verkehrsmittel zu
   fahren   JA   NEIN
10) In einem Taxi zu fahren   JA   NEIN
11) In einem Aufzug zu fahren   JA   NEIN
12) Ins Theater oder Kino zu gehen   JA   NEIN
13) Einen großen leeren Platz zu über-
    queren   JA   NEIN
14) Im eigenen Auto allein zu fahren   JA   NEIN

FRAGEBOGEN - "VERHALTEN BEI AUFTRETEN DER HERZBEZOGENEN
BESCHWERDEN"

Name: Datum: Interviewer:

Bitte, machen Sie einen Kreis um das "JA", wenn diese Antwort auf die entsprechende Aussage für Sie zutrifft und das
"NEIN", wenn die Aussage für Sie nicht zutrifft. Bitte, beantworten Sie alle Aussagen so gut Sie können.

Bei Auftreten der herzbezogenen Beschwerden habe ich:

1) Den Notarzt angerufen,
   die Rettung angerufen,
   mit Partner (bzw. Ehepartner) in das
   nächste Krankenhaus gefahren   JA   NEIN

3) Den Nachbar aufgesucht,
   den Ehepartner oder Freunde verständigt   JA   NEIN

4) Mich entspannt

5) Die Arbeit unterbrochen,
   mich geschont, niedergelegt

6) Beruhigungstabeletten eingenommen

7) Herzwirksame Tabletten eingenommen   JA   NEIN

8) Versucht mich abzulenken   JA   NEIN

9) Wein (Alkohol) getrunken   JA   NEIN

10) Das Fenster geöffnet, um frische
    Luft zu bekommen   JA   NEIN

11) FremdeLeute um Hilfe gebeten   JA   NEIN

13) Mich wie gelähmt gefühlt und war
    nicht imstande mich zu bewegen   JA   NEIN

14) Tief durchgeatmet   JA   NEIN

15) Gymnastikübungen gemacht   JA   NEIN

Item 2 und Item 12 werden wegen Inhaltsgleichheit mit
anderen Items nicht ausgewertet.

Progressive Muskelentspannungsmethode n. E. JACOBSON

ÜBUNGEN ZUR ENTSPANNUNG

Die Entspannungstechnik, die im folgenden beschrieben wird,
ist eine gekürzte Form der "progressiven Muskelentspannungsmethode" von Edmund JACOBSON (1933). Sie wurde erstmals in
den Fünfzigerjahren von Joseph WOLPE bei der systematischen
Desensibilisierung von phobischen Ängsten eingesetzt und
seither von WOLPE und vielen anderen Verhaltenstherapeuten
in mehr oder weniger modifizierter Form erfolgreich erprobt.

Die Methode

Die Grundübung der Entspannunnungstechnik wird mit einer Erklärung über den Sinn der Entspannung im Rahmen der Desensibilisierung von Angstreaktion eingeleitet. Es muß dem Probanden der Zusammenhang zwischen erhöhter Muskelentspannung
und der Reduktion von Angst und Nervosität verständlich gemacht werden.

Es gibt keine festen Kriterien zur Dauer der Übung. Durchschnittlich wird man von den ersten 4 - 6 Sitzungen, in denen
die Information über die angstauslösenden Situationen eingeholt und die Hierarchien zumindest in ihren Grundstufen aufgestellt werden, jeweils etwa 20 Minuten für die Entspannung
verwendet. In diesen ersten Übungen lernt der Proband die
Spannungszustände seiner Muskelpartien zu kontrollieren und
sie sukzessiv in einen erhöhten Entspannungszustand zu bringen.

Es hat sich gezeigt, daß der Proband die spezifischen Unter-

schiede der Anspannungs- und Entspannungsgrade wahrzunehmen
und zu kontrollieren lernt, wenn systematisch die verschiedenen Muskelpartien zuerst angespannt <u>und</u> entspannt werden:
Der Proband wird dabei aufgefordert, die Empfindungen
a) bei der Muskelanspannung
b) beim allmählichen Übergang von Anspannung zur Entspannung
   und schließlich
c) bei der Entspannung bewußt wahrzunehmen.
Nach den ersten 4 - 6 Sitzungen, in denen die Anspannungs-
und Entspannungsübungen durchgeführt wurden, sind die An-
spannungsübungen vor der Entspannung nicht mehr nötig. Lediglich ein kurzzeitiges Anspannen des ganzen Körpers, unmittelbar bevor die Entspannungsübung beginnt, hat sich als nützlich erwiesen.

<u>Die Abfolge, nach der die Körperpartien entspannt werden</u>

1. Entspannung der Hände und Arme
2. Entspannung der Gesichtsregion (Stirn, Augenpartie, Nase,
   Lippen und Wangen, Zunge, Unterkiefer und Kinn) und der
   Hals- und Schulterpartie
3. Entspannung von Brust, Bauch und Rücken
4. Entspannung der Sitzmuskel, der Beine, der Füsse und Zehen
5. Entspannung des ganzen Körpers

<u>Instruktion</u>

Die Übungen werden den Probanden vorgezeigt und gemeinsam
mit ihnen ausgeführt.

<u>Entspannung der Hände und Arme</u>

Setzen Sie sich möglichst bequem auf dem Stuhl zurecht,

lassen Sie ihre Muskeln locker... Schließen Sie jetzt Ihre
Hand fest zur Faust (es wird die dominante Hand zuerst gewählt) und achten Sie auf die Spannung in Ihrer Faust und
in Ihrem Unterarm... und lassen Sie nun die Hand und den
Unterarm locker. Lassen Sie ganz locker. Achten Sie auf den
Entspannungszustand Ihrer Hand und Ihres Unterarmes. Versuchen Sie die Finger Ihrer Hand immer mehr zu entspannen.
Schließen Sie Ihre rechte (linke) Hand noch einmal fest
zusammen... halten Sie die Spannung und beobachten Sie die
Spannung... geben Sie jetzt nach und achten Sie auf den Übergang von Spannung zur Entspannung. Es kommt darauf an, daß
Sie die verschiedenen Empfindungen, die bei der Anspannung
und Entspannung entstehen, genau beobachten. Wiederholen Sie
diese Übungen mit der linken (rechten) Hand, schließen Sie
Ihre Hand fest zur Faust, spannen Sie fest an und achten
Sie wieder genau auf die Empfindungen, die bei dieser Anspannung entstehen... und nun lassen Sie locker. Sie spüren,
wie angenehm es ist, wenn die Muskeln vom verkrampften in
den entspannten Zustand übergehen.
Bleiben Sie so entspannt. Spannen Sie nun beide Hände und
beide Unterarme an... und entspannen Sie. Wieder achten Sie
auf den Übergang von Anspannung und Entspannung.

Als nächstes spannen Sie nun den rechten (linken) Oberarm
an. Winkeln Sie den Ellbogen an und spannen Sie die Oberarm-
muskeln fest an. Achten Sie auf die Spannung und lassen Sie
jetzt locker... Sie spüren wieder den Übergang von Anspannung
und angenehmer Entspannung. Lassen Sie den Oberarm ganz
locker und achten Sie auf die Empfindungen der Entspannung.
Wiederholen Sie noch einmal die Anspannung der Oberarmmuskel,
halten Sie die Spannung und lassen Sie jetzt den Arm wieder
sinken. Entspannen Sie und achten Sie wieder auf den Unterschied; strecken Sie nun den Arm so weit, daß Sie die An-

spannung, die dabei entsteht, intensiv an der Rückseite des
Armes spüren. Achten Sie auf die Spannung und entspannen Sie.
Legen Sie den Arm wieder bequem auf die Lehne. Entspannen Sie
noch weiter. Sie spüren, daß der Unterarm und die Hand jetzt
mit dem ganzen Gewicht auf der Lehne des Stuhls aufruhen.

Entspannung der Gesichtsregion einschließlich Hals, Schultern
und oberer Rückenpartie

Setzen Sie sich wieder bequem in den Stuhl. Achten Sie auf
Ihre Stirn und ziehen Sie die Stirnmuskeln fest nach oben,
so daß horizontal auf der Stirn Falten entstehen. Halten
Sie diese Spannung und beobachten Sie die Spannungsempfin-
dungen an der Stirn. Entspannen Sie jetzt und lassen Sie
die Stirne wieder glatt werden. Sie spüren, wie sich die
Stirn immer mehr entspannt. Sie spüren, wie mit der Entspannung der Stirn, die ganze Kopfdecke locker wird...
Wiederholen Sie die Anspannung und allmähliche Entspannung
der Stirn.

Jetzt ziehen Sie Ihre Augenbrauen zusammen, so daß an der
Stirn über den Augen senkrechte Falten entstehen. Achten
Sie wieder auf die Spannung und lassen Sie locker. Sie spüren wieder den Übergang von Anspannung zur Entspannung. Und
nun versuchen Sie auf der Stirn Querfalten und Längsfalten
gleichzeitig zu bilden. Die Stirn ist jetzt ganz verspannt.
Halten Sie die Spannung... und jetzt lassen Sie locker.
Achten Sie wieder auf den Übergang von Spannung zur ange-
nehmen Entspannung.

Schließen Sie jetzt fest Ihre Augen, spüren Sie die Spannung
in der Augenpartie... und entspannen Sie. Halten Sie Ihre

Augen leicht geschlossen und achten Sie auf die Entspannung
(Wiederholung).

Als nächstes rümpfen Sie Ihre Nase, so daß Sie die Spannung
an der Nase deutlich spüren... und lassen Sie wieder locker.
Sie spüren jetzt, daß Ihre Nase, Ihre Nasenflügel entspannt
sind.

Jetzt pressen Sie Ihre Kiefer zusammen, beissen Sie auf
Ihre Zähne und achten Sie auf die Spannung, in der gesamten
Kieferpartie. Entspannen Sie jetzt wieder. Lassen Sie dabei
Ihre Lippen und Wangen ganz locker.

Drücken Sie jetzt die Zunge gegen den Gaumen, achten Sie
auf die Anspannung... und lassen Sie nun die Zunge wieder
in eine lockere Stellung zurückkommen.

Pressen Sie jetzt die Lippen aufeinander, halten Sie die
Spannung und spüren Sie, wie dabei die Lippen und die Wangen angespannt sind. Lassen Sie jetzt locker und achten Sie
wieder auf den Gegensatz zwischen Spannung und Entspannung.

Entspannen Sie nun Ihr ganzes Gesicht, die Stirne und die
Kopfdecke, die Augenpartie, die Nase, die Lippen und die
Wangen, den Unterkiefer und das Kinn. Lassen Sie den Unter-
kiefer und das Kinn ganz locker herabhängen.

Jetzt drücken Sie den Kopf zurück, so daß Sie die Spannung
in Ihrem Nacken spüren. Drehen Sie den Kopf nach rechts her-
über und achten Sie genau auf die Veränderung der Spannung.
Rollen Sie nun den Kopf nach links. Achten Sie auf die Spannung und heben Sie wieder Ihren Kopf; dabei verschwindet die
Spannung im Nacken.

Lassen Sie nun den Kopf nach vorn fallen, so daß das Kinn
gegen die Brust drückt... Achten Sie auf die Spannung im
Hals und im Nacken und bewegen Sie den Kopf wieder nach
oben. Sie spüren, wie die Spannung eintritt. Balancieren
Sie den Kopf zwischen den vier Möglichkeiten:
vorne - hinten - seitlich links - und rechts - so aus, daß
die Spannung im Hals und Nacken verschwindet.

Jetzt ziehen Sie Ihre Schultern in die Höhe, achten Sie auf
die Spannung die dabei entsteht... und jetzt lassen Sie die
Schultern fallen und spüren Sie die angenehme Entspannung...
Spannen Sie die Schultern noch einmal an. Achten Sie auf die
Empfindungen der Anspannung. Das ganze obere Rückenteil ist
angespannt... Lassen Sie nun locker. Achten Sie auf die Entspannung, indem Sie immer noch mehr locker lassen. Sie spüren,
wie die Entspannung bis in die Rückenmuskel hineinstrahlt.

Lassen Sie jetzt auch den Nacken, den Hals, den Kiefer und
das Gesicht ganz locker.

Entspannung von Brust, Bauch und Rücken

Lassen Sie Ihren ganzen Körper locker. Achten Sie auf Ihren
Atem, wie die Luft ein- und ausströmt.... Halten Sie nun
nach dem Einatmen die Luft für kurze Zeit an und achten Sie
dabei auf die Spannung in Ihrer Brust... Lassen Sie die Luft
wieder aus und achten Sie darauf, wie sich beim Ausatmen die
Brust angenehm entspannt. Wiederholen Sie das Einatmen, achten Sie wieder auf die Spannung der Brust und genießen Sie
die Entspannung beim langsamen Ausatmen. (Es soll dabei nicht
übermäßig stark geatmet werden. Es kommt nicht darauf an,
tief ein- und auszuatmen, sondern auf das bewußte Wahrnehmen
der Anspannung und Entspannung der Brust beim normalen Atmen).

Nun richten Sie Ihre Aufmerksamkeit auf Ihre Bauchpartie.
Spannen Sie Ihre Bauchmuskel an und beobachten Sie die Anspannung Ihres Bauches... Entspannen Sie die Bauchmuskel
und spüren Sie dabei den Übergang von Anspannung zur Entspannung. Wiederholen Sie das Anspannen und Entspannen des
Bauches. Ziehen Sie Ihren Bauch nun ganz ein, Sie spüren dabei die Muskelspannung... Lassen Sie jetzt locker. Achten Sie
wieder auf die Empfindungen der Entspannung des Bauches. Richten Sie Ihre Aufmerksamkeit wieder auf Ihren Atem und spüren
Sie, wie jedes Ein- und Ausatmen, die Brust und den Bauch
ein wenig anspannt und dann wieder entspannt.

Lassen Sie jetzt Ihre Aufmerksamkeit zum unteren Teil Ihres
Rückens wandern. Krümmen Sie Ihren Rücken nach vorne, spüren
Sie dabei die Spannung entlang der Wirbelsäule. Entspannen
Sie den Rücken, indem Sie sich ganz locker in den Stuhl fal-
len lassen. Entspannen Sie dabei den ganzen Rücken. Lassen
Sie die Entspannung der Rückenmuskel nach vorne strahlen zur
Brust, zum Bauch, zu den Schultern, den Armen und dem Gesicht.
... Wiederholen Sie die Anspannung- und Entspannung des Rük-
kens.

Entspannen der Sitzmuskel, der Beine, der Füße und Zehen

Spannen Sie Ihren ganzen Körper an, und entspannen Sie ihn.
Achten Sie nun auf Ihre Sitzmuskel, Oberschenkel und Unterschenkel. Pressen Sie Ihre Fersen jetzt fest gegen den Boden. Ihre Zehenspitzen sind gegen Ihr Gesicht gerichtet.
Spannen Sie dabei Ihre Unterschenkel, Oberschenkel und Ihre
Sitzmuskel fest an. Halten Sie die Spannung... und lassen Sie
locker. Achten Sie wieder auf den Gegensatz von Anspannung
und Entspannung. Wiederholen Sie diesen Vorgang.

Pressen Sie Ihre Fersen nochmals gegen den Boden. Ihre
Zehenspitzen sind aber nun von Ihrem Gesicht abgewandt.
Achten Sie wieder auf die Spannung Ihrer Unterschenkel,
Oberschenkel und Sitzmuskel... Sie spüren, wie die Spannung
sich von den Füßen hinaufzieht zu den Unterschenkeln, Ober-
schenkeln und Sitzmuskel... Entspannen Sie wieder... lassen
Sie die Muskeln ganz locker werden und spüren Sie, wie die
Entspannung von den Füßen und Beinen hinaufströmt zum Rük-
ken, vor zur Brust und zum Bauch, zu den Schultern, den Armen und Händen. Entspannen Sie auch Ihren Nacken und Ihr Gesicht. Lassen Sie Ihren ganzen Körper locker und entspannt
werden. Sie spüren jetzt, daß Sie mit Ihrem ganzen Gewicht
auf dem Stuhl aufruhen.

P.S.: Aufgrund einer Reihe theoretischer und praktischer
Überlegungen, soll man bei der Durchführung der Entspannungsübungen darauf achten, daß suggestive Wirkungen wie sie z. B.
bei der Hypnose auftreten, weitgehend reduziert bleiben.